Impressum
Verlag: BABADADA GmbH, Nedderfeld 112 , 22529 Hamburg
Geschäftsführer / Verlagsleitung: Harald Hof
Druck: Books on Demand GmbH, In de Tarpen 42, 22848 Norderstedt

Imprint
Publisher: BABADADA GmbH, Nedderfeld 112 , 22529 Hamburg, Germany
Managing Director / Publishing direction: Harald Hof
Print: Books on Demand GmbH, In de Tarpen 42, 22848 Norderstedt

1

Šola
koulu

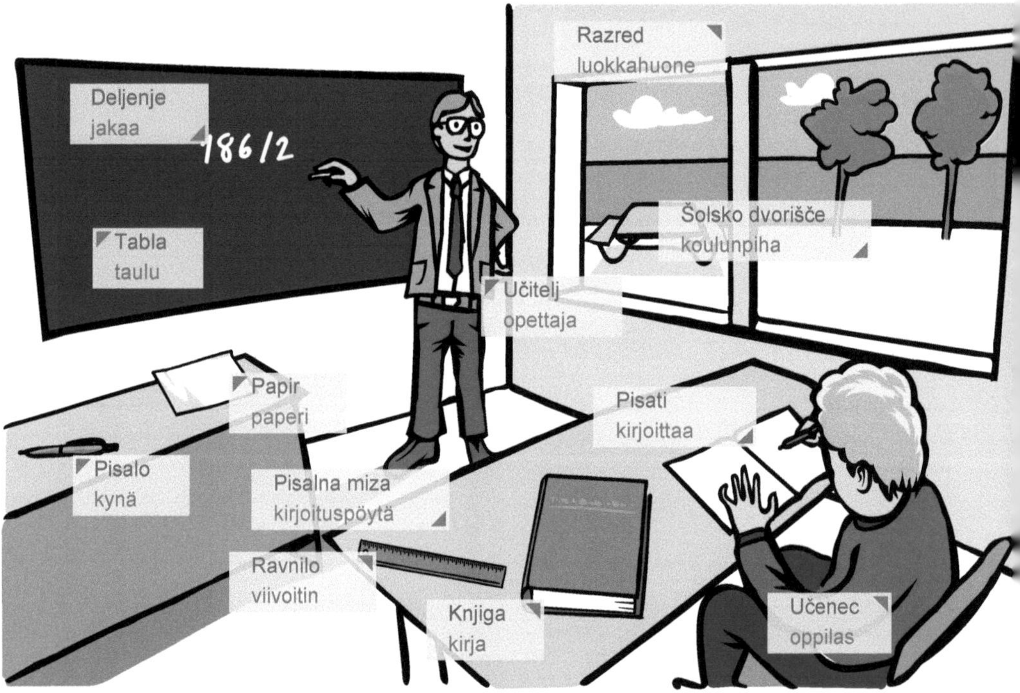

Razred
luokkahuone
Deljenje
jakaa
186/2
Tabla
taulu
Šolsko dvorišče
koulunpiha
Učitelj
opettaja
Papir
paperi
Pisati
kirjoittaa
Pisalo
kynä
Pisalna miza
kirjoituspöytä
Ravnilo
viivoitin
Knjiga
kirja
Učenec
oppilas

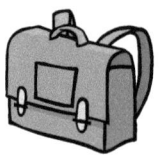

Šolska torba

reppu

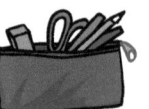

Peresnica

penaali

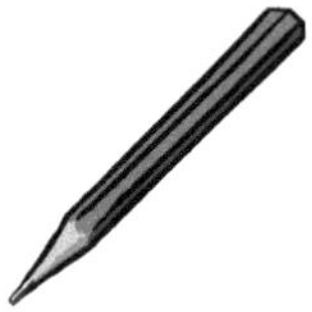

Svinčnik

lyijykynä

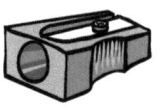

Šilček

kynänteroitin

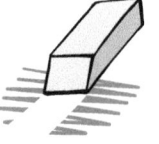

Radirka

pyyhekumi

Risalni blok

piirustuslehtiö

Risba

piirustus

Čopič

pensseli

Vodene barvice

vesivärit

Škarje

sakset

Lepilo

liima

Zvezek

harjoituskirja

Domača naloga

kotitehtävä

Število

luku

Seštevanje

lisätä

Odštevanje

vähentää

Množenje

kertoa

Računanje

laskea

Črka

kirjain

Abeceda

aakkoset

Beseda

sana

Besedilo

teksti

Brati

lukea

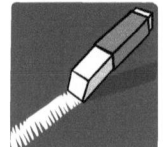

Kreda

liitu

Učna ura

oppitunti

Redovalnica

opettajan muistikirja

Preizkus znanja

koe

Spričevalo

todistus

Šolska uniforma

koulupuku

Izobrazba

koulutus

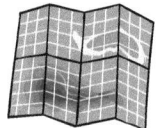

Enciklopedija

sanakirja

Univerza

yliopisto

Mikroskop

mikroskooppi

Zemljevid

kartta

Koš za smeti

roskakori

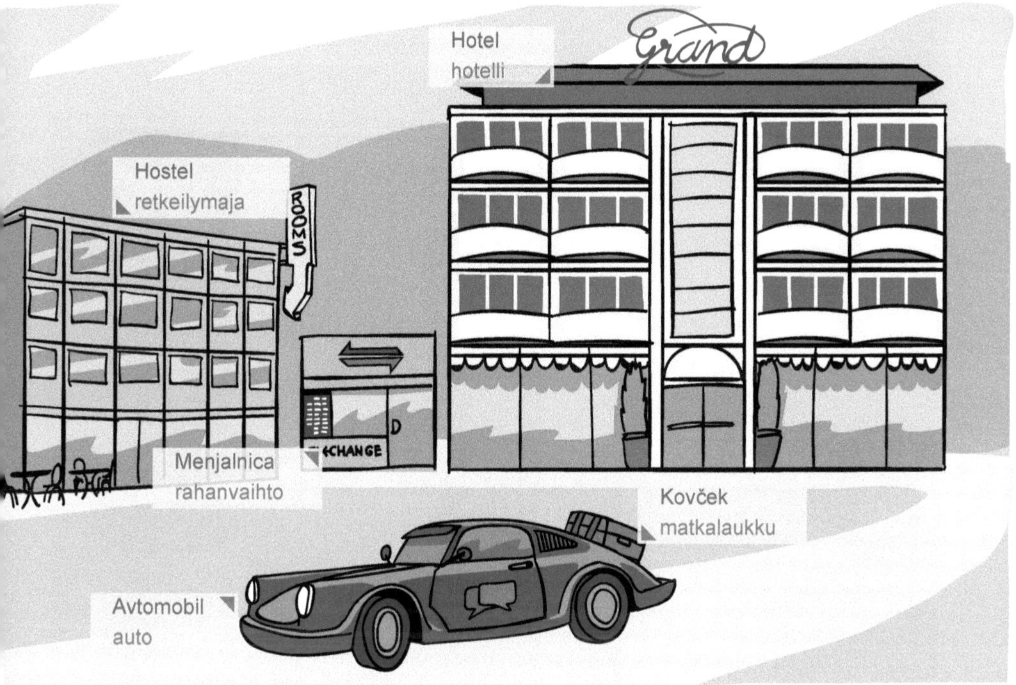
Hotel
hotelli
Grand
Hostel
retkeilymaja
ROOMS
Menjalnica
rahanvaihto
CHANGE
Kovček
matkalaukku
Avtomobil
auto

Jezik

kieli

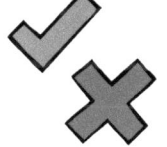

da / ne

kyllä / ei

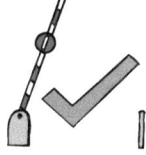

Prav

selvä

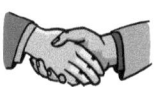

Pozdravljeni

hei

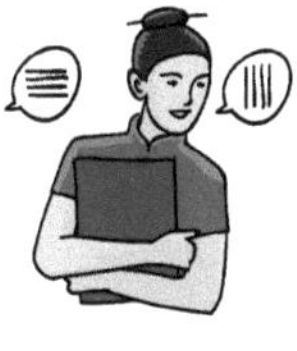

Prevajalec

tulkki

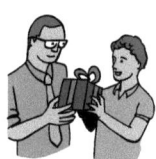

Hvala

kiitos

Koliko stane…?

Paljonko…maksaa?

Ne razumem

en ymmärrä

Težava

ongelma

Dober večer!

Hyvää iltaa!

Dobro jutro!

Hyvää huomenta!

Lahko noč!

Hyvää yötä!

Nasvidenje

näkemiin

Smer

suunta

Prtljaga

matkatavarat

Torba

laukku

Nahrbtnik

reppu

Gost

vieras

Soba

huone

Spalna vreča

makuupussi

Šotor

teltta

Turistične informacije	Plaža	Kreditna kartica
turisti-info	ranta	luottokortti

Zajtrk	Kosilo	Večerja
aamupala	lounas	päivällinen

Vozovnica	Dvigalo	Znamka
matkalippu	hissi	postimerkki

Meja	Carina	Veleposlaništvo
raja	tulli	suurlähetystö

Vizum	Potni list	
viisumi	passi	

Prevoz
kuljetus

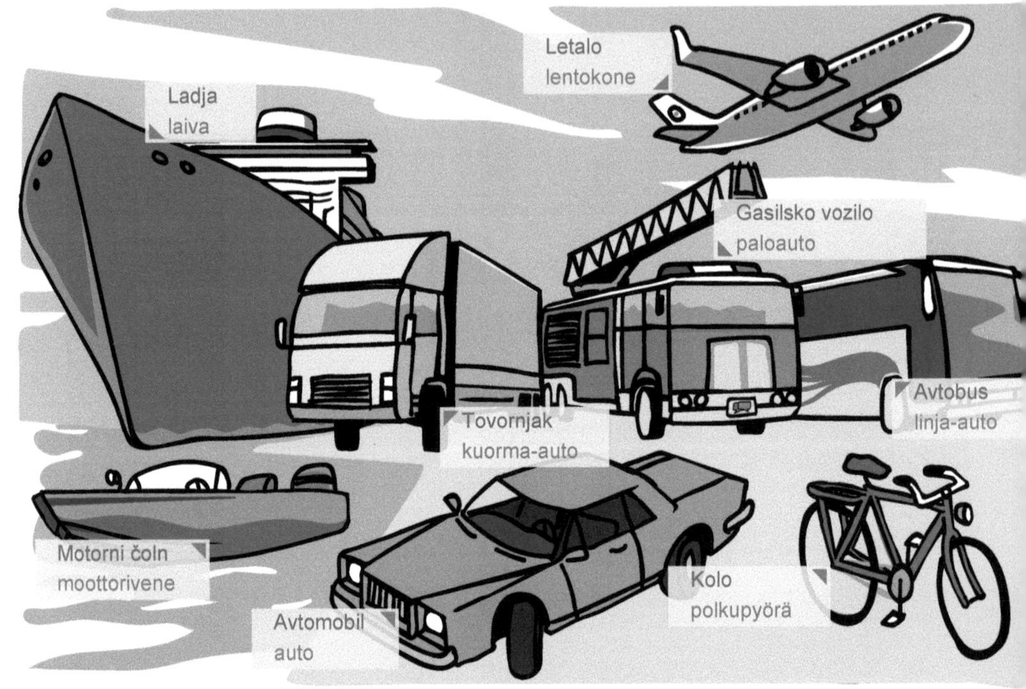
Letalo
lentokone
Ladja
laiva
Gasilsko vozilo
paloauto
Avtobus
linja-auto
Tovornjak
kuorma-auto
Motorni čoln
moottorivene
Kolo
polkupyörä
Avtomobil
auto

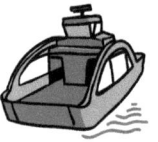

Trajekt

lautta

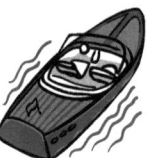

Čoln

vene

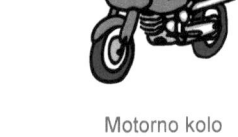

Motorno kolo

moottoripyörä

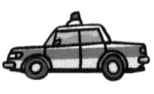

Policijski avto

poliisiauto

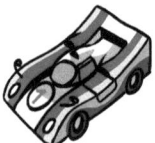

Dirkalni avto

kilpa-auto

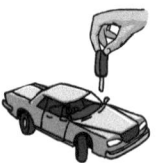

Najeto vozilo

vuokra-auto

Souporaba avtomobila

car sharing

Avtovleka

hinausauto

Smetarsko vozilo

roska-auto

Motor

moottori

Gorivo

polttoaine

Bencinska postaja

huoltoasema

Prometni znak

liikennemerkki

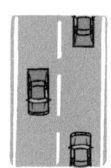

Promet

liikenne

Zastoj

ruuhka

Parkirišče

parkkipaikka

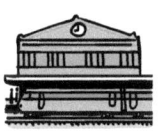

Železniška postaja

rautatieasema

Tirnice

raiteet

Vlak

juna

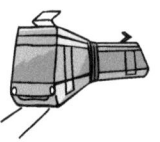

Tramvaj

raitiovaunu

Vagon

vaunu

Helikopter

helikopteri

Letališče

lentokenttä

Stolp

lähilennonjohto

Potnik

matkustaja

Kontejner

kontti

Karton

pahvilaatikko

Voziček

kärryt

Košara

kori

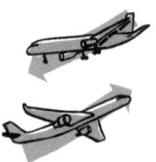

vzleteti / pristati

nousta / laskea

Mesto

kaupunki

Vas

kylä

Mestno jedro

keskusta

Hiša

talo

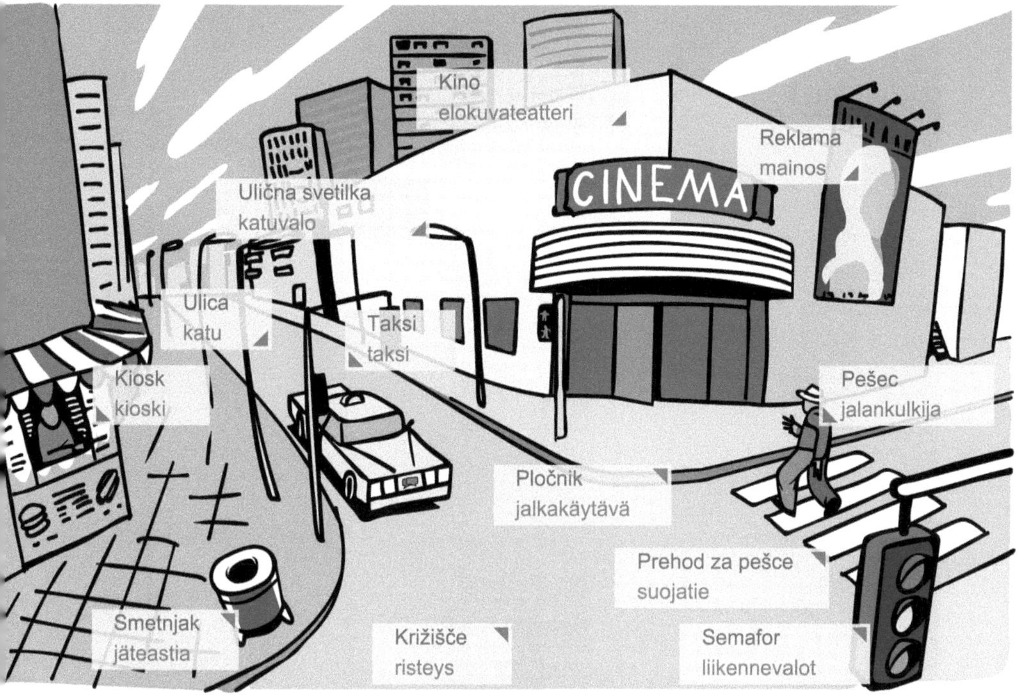

Kino
elokuvateatteri

Reklama
mainos

Ulična svetilka
katuvalo

CINEMA

Ulica
katu

Taksi
taksi

Kiosk
kioski

Pešec
jalankulkija

Pločnik
jalkakäytävä

Prehod za pešce
suojatie

Smetnjak
jäteastia

Križišče
risteys

Semafor
liikennevalot

Koča

mökki

Stanovanje

kerrostalo

Železniška postaja

rautatieasema

Mestna hiša

kaupungintalo

Muzej

museo

Šola

koulu

Univerza

yliopisto

Banka

pankki

Bolnišnica

sairaala

Hotel

hotelli

Lekarna

apteekki

Pisarna

toimisto

Knjigarna

kirjakauppa

Trgovina

liike

Cvetličarna

kukkakauppa

Supermarket

supermarketti

Tržnica

tori

Veleblagovnica

tavaratalo

Ribarnica

kalakauppias

Nakupovalno središče

ostoskeskus

Pristanišče

satama

Park

puisto

Klop

penkki

Most

silta

Stopnice

portaat

Podzemna železnica

metro

Predor

tunneli

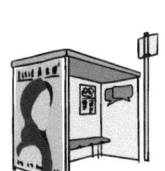

Avtobusno postajališče

linja-autopysäkki

Bar

baari

Restavracija

ravintola

Poštni nabiralnik

postilaatikko

Ulična tabla

katukyltti

Parkirna ura

parkkimittari

Živalski vrt

eläintarha

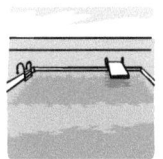

Kopališče

uimala

Mošeja

moskeija

Kmetija
maatila

Onesnaževanje
ympäristön saastuminen

Pokopališče
hautausmaa

Cerkev
kirkko

Otroško igrišče
leikkikenttä

Tempelj
temppeli

Pokrajina
maisema

List
lehti

Kažipot
tienviitta

Pot
tie

Travnik
niitty

Kamen
kivi

Pohodnik
retkeilijä

Drevo
puu

Reka
joki

Trava
ruoho

Cvetlica
kukka

Dolina

laakso

Hrib

vuori

Jezero

järvi

Gozd

metsä

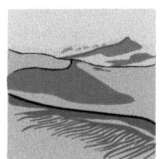

Puščava

aavikko

Vulkan

tulivuori

Grad

linna

Mavrica

sateenkaari

Goba

sieni

Palma

palmu

Komar

hyttynen

Muha

kärpänen

Mravlja

muurahainen

Čebela

mehiläinen

Pajek

hämähäkki

Hrošč

kovakuoriainen

Žaba

sammakko

Veverica

orava

Jež

siili

Zajec

jänis

Sova

pöllö

Ptič

lintu

Labod

joutsen

Divji prašič

villisika

Jelen

peura

Los

hirvi

Jez

pato

Vetrnica

tuulimylly

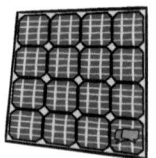

Solarna plošča

aurinkopaneeli

Podnebje

ilmasto

Restavracija
ravintola

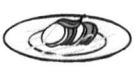

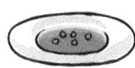

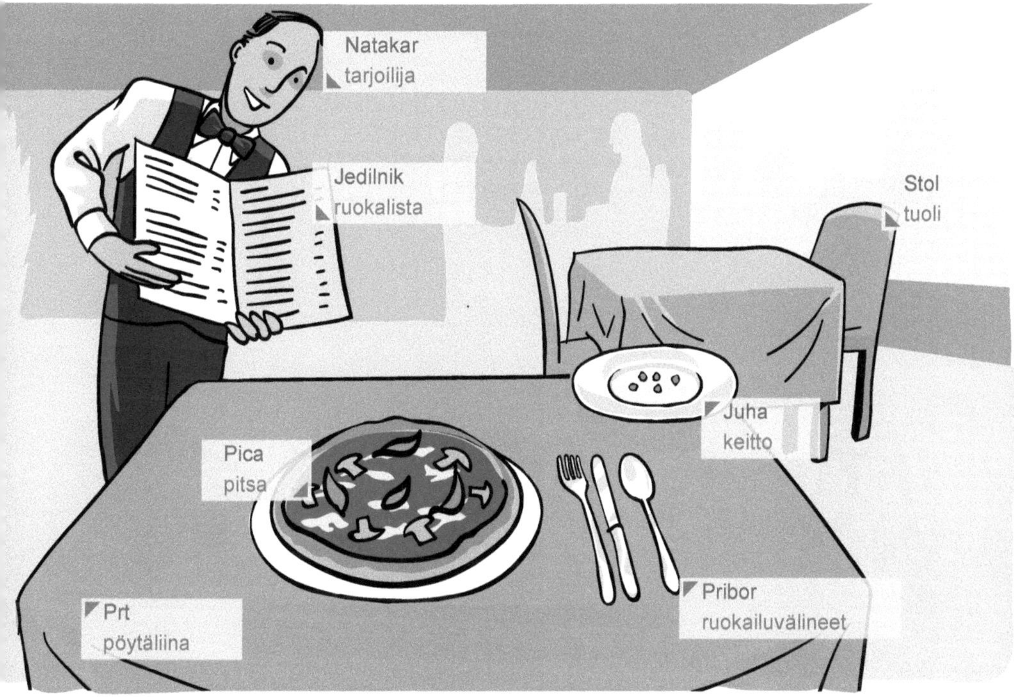
Natakar
tarjoilija
Jedilnik
ruokalista
Stol
tuoli
Juha
keitto
Pica
pitsa
Pribor
ruokailuvälineet
Prt
pöytäliina

Predjed

alkuruoka

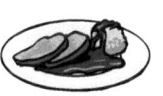

Glavna jed

pääruoka

Sladica

jälkiruoka

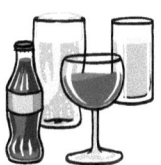

Pijače

juomat

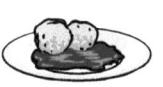

Hrana

ruoka

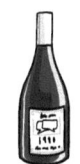

Steklenica

pullo

Hitra hrana

pikaruoka

Ulična hrana

katuruoka

Čajnik

teekannu

Sladkornica

sokeriastia

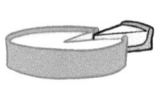

Porcija

annos

Aparat za espresso

espressokeitin

Stolček za hranjenje

syöttötuoli

Račun

lasku

Pladenj

tarjotin

Nož

veitsi

Vilica

haarukka

Žlica

lusikka

Čajna žlička

teelusikka

Servieta

servietti

Kozarec

lasi

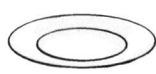

Krožnik

lautanen

Globoki krožnik

syvä lautanen

Krožniček

aluslautanen

Omaka

kastike

Solnica

suolasirotin

Mlinček za poper

pippurimylly

Kis

etikka

Olje

öljy

Začimbe

mausteet

Kečap

ketsuppi

Gorčlca

sinappi

Majoneza

majoneesi

Supermarket
supermarketti

Posebna ponudba
tarjous
FOR
Stranka
asiakas
Mlečni izdelki
maitotuotteet
Sadje
hedelmät
Nakupovalni voziček
ostoskärryt

BUTCHERS

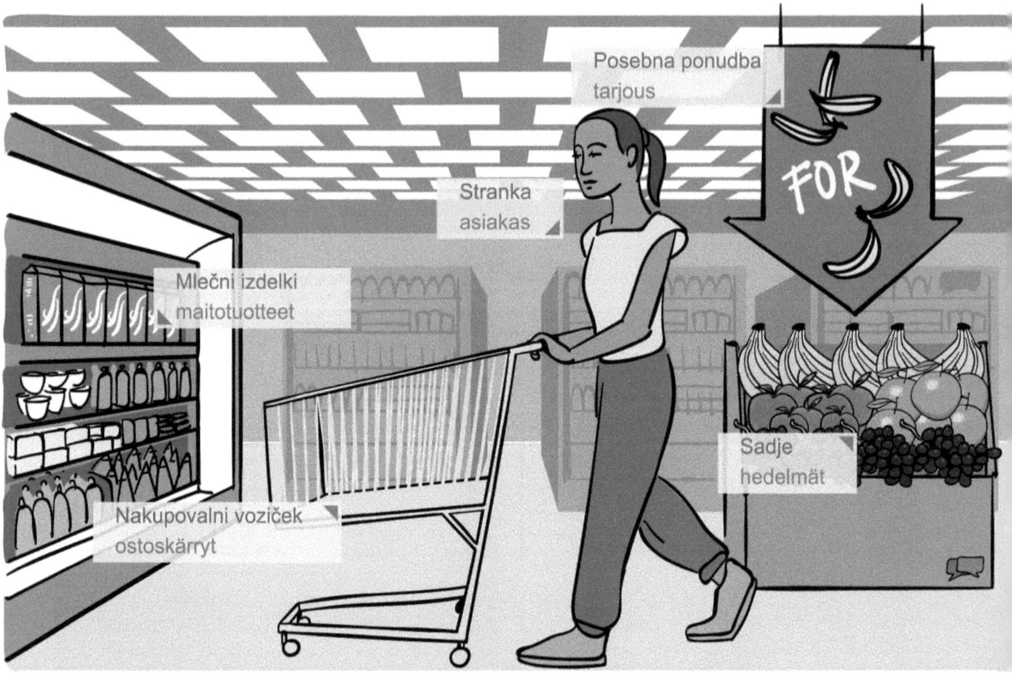

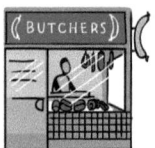

Mesnica

teurastamo

BAKERY

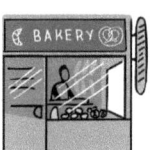

Pekarna

leipomo

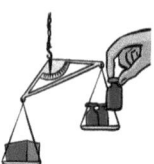

Tehtati

punnita

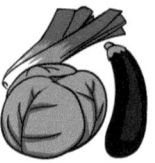

Zelenjava

kasvikset

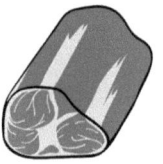

Meso

liha

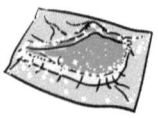

Zamrznjena hrana

pakasteet

Hladne mesnine

leikkele

Konzerve

säilykkeet

Pralni prašek

pesujauhe

Sladkarije

makeiset

Gospodinjski izdelki

kotitaloustarvikkeet

Čistilno sredstvo

puhdistusaineet

Prodajalka

myyjä

Blagajna

kassa

Blagajnik

kassanhoitaja

Nakupovalni seznam

ostoslista

Delovni čas

aukioloajat

Denarnica

lompakko

Kreditna kartica

luottokortti

Torba

kassi

Plastična vrečka

muovipussi

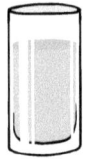

Voda

vesi

Sok

mehu

Mleko

maito

Kola

kokis

Vino

viini

Pivo

olut

Alkohol

alkoholi

Kakav

kaakao

Čaj

tee

Kava

kahvi

Espresso

espresso

Kapučino

cappuccino

Banana

banaani

Jabolko

omena

Pomaranča

appelsiini

Lubenica

meloni

Limona

sitruuna

Korenje

porkkana

Česen

valkosipuli

Bambus

bambu

Čebula

sipuli

Goba

sieni

Oreščki

pähkinät

Rezanci

spagetti

Špageti

spagetti

Riž

riisi

Solata

salaatti

Ocvrt krompirček

ranskalaiset

Pečen krompir

paistetut perunat

Pica

pitsa

Hamburger

hampurilainen

Sendvič

voileipä

Zrezek

leike

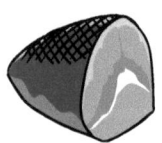

Šunka

kinkku

Salama

salami

Klobasa

makkara

Piščanec

kana

Pečenka

paisti

Riba

kala

Ovseni kosmiči

kaurahiutaleet

Musli

mysli

Koruzni kosmiči

murot

Moka

jauho

Rogljiček

voisarvi

Žemlja

sämpylä

Kruh

leipä

Prepečenec

paahtoleipä

Piškoti

keksit

Maslo

voi

Skuta

rahka

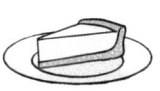

Torta

kakku

Jajce

kananmuna

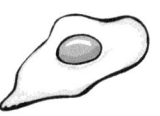

Pečeno jajce na oko

paistettu kananmuna

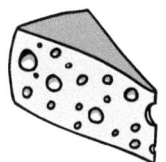

Sir

juusto

Sladoled

jäätelö

Sladkor

sokeri

Med

hunaja

Marmelada

hillo

Čokoladni namaz

suklaapähkinälevite

Kari

curry

Kmetija
maatila

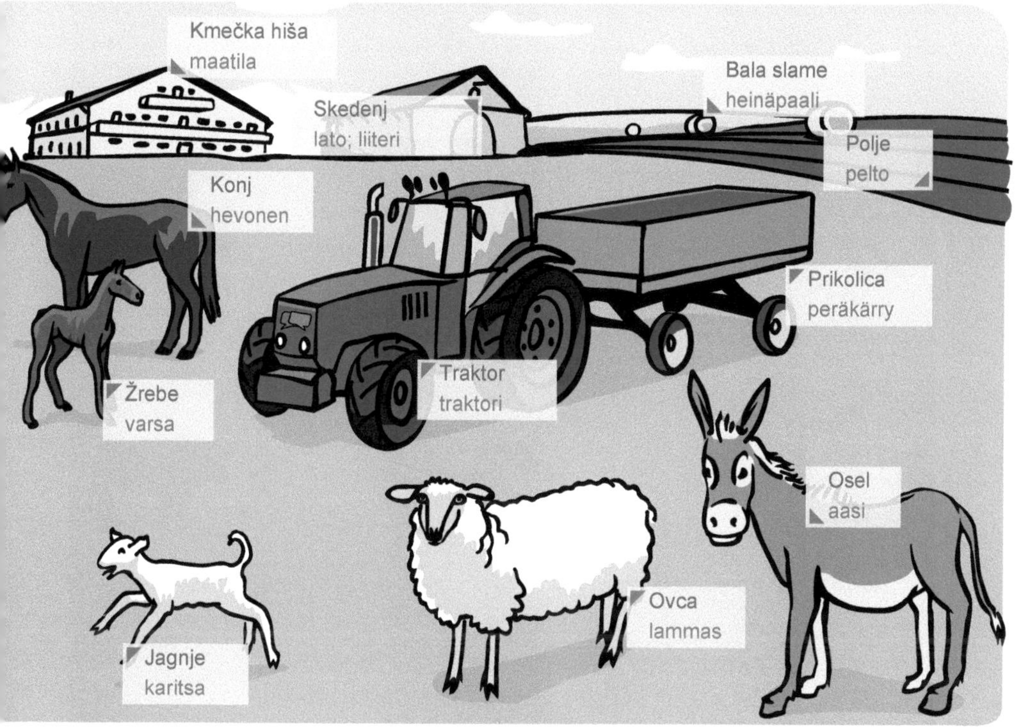
Kmečka hiša
maatila
Skedenj
lato; liiteri
Bala slame
heinäpaali
Polje
pelto
Konj
hevonen
Prikolica
peräkärry
Traktor
traktori
Žrebe
varsa
Osel
aasi
Ovca
lammas
Jagnje
karitsa

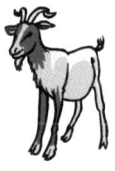

Koza

vuohi

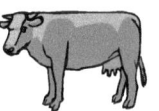

Krava

lehmä

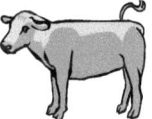

Tele

vasikka

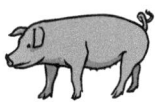

Prašič

sika

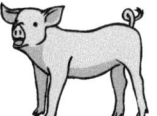

Pujsek

porsas

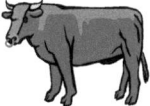

Bik

sonni

Gos

hanhi

Raca

ankka

Piščanec

tipu

Kokoš

kana

Petelin

kukko

Podgana

rotta

Mačka

kissa

Miš

hiiri

Vol

härkä

Pes

koira

Pasja uta

koirankoppi

Cev za zalivanje

puutarhaletku

Kangla za zalivanje

kastelukannu

Kosa

viikate

Plug

aura

Srp

sirppi

Motika

kuokka

Vile

talikko

Sekira

kirves

Samokolnica

kottikärryt

Korito

kaukalo

Kangla za mleko

maitokannu

Vreča

säkki

Ograja

aita

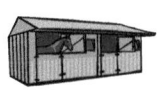

Hlev

talli

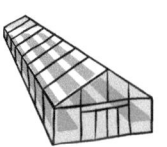

Rastlinjak

kasvihuone

Prst

maa

Seme

siemen

Gnojilo

lannoite

Kombajn

leikkuupuimuri

Žeti

kerätä sato

Žetev

sato

Jam

jamssit

Pšenica

vehnä

Soja

soija

Krompir

peruna

Koruza

maissi

Oljna ogrščica

rypsi

Sadno drevo

hedelmäpuu

Maniok

maniokki

Žito

vilja

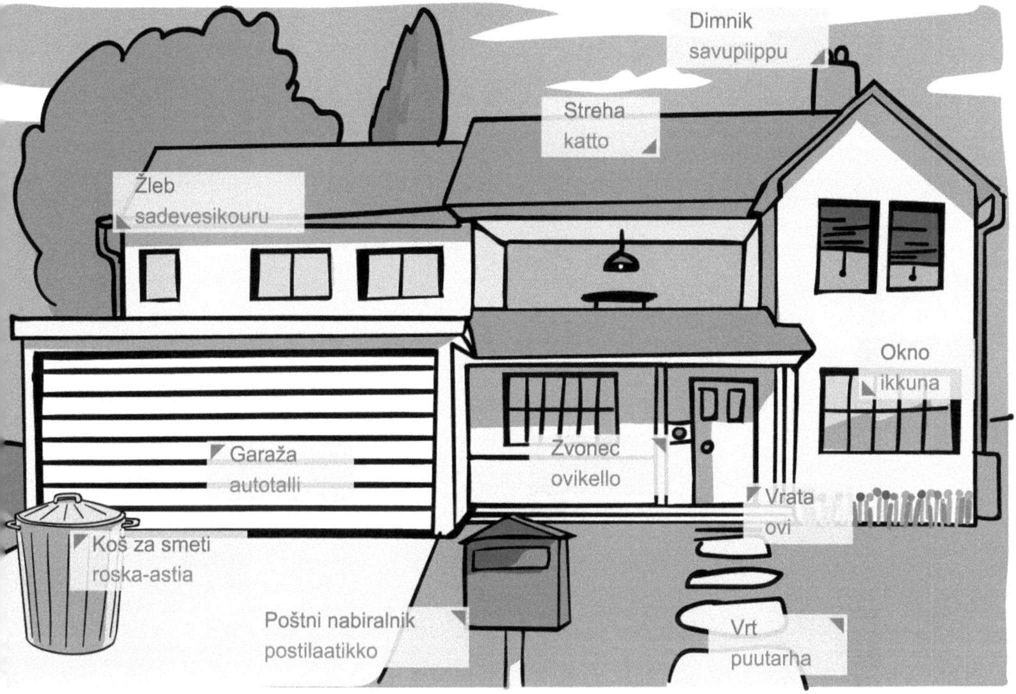

Dimnik
savupiippu

Streha
katto

Žleb
sadevesikouru

Okno
ikkuna

Garaža
autotalli

Zvonec
ovikello

Vrata
ovi

Koš za smeti
roska-astia

Poštni nabiralnik
postilaatikko

Vrt
puutarha

Dnevna soba	Kopalnica	Kuhinja
olohuone	kylpyhuone	keittiö

Spalnica	Otroška soba	Jedilnica
makuuhuone	lastenhuone	ruokahuone

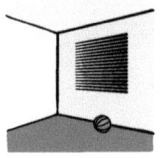

Tla

lattia

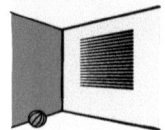

Stena

seinä

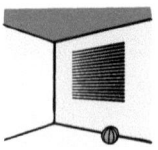

Strop

katto

Klet

kellari

Savna

sauna

Balkon

parveke

Terasa

terassi

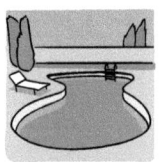

Bazen

uima-allas

Kosilnica

ruohonleikkuri

Rjuha

lakana

Posteljno pregrinjalo

päiväpeitto

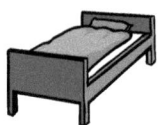

Postelja

sänky

Metla

harja

Vedro

ämpäri

Stikalo

katkaisin

Dnevna soba
olohuone

Tapeta
tapetti
Slika
kuva
Svetilka
lamppu
Polica
hylly
Omara
kaappi
Televizor
televisio
Kamin
takka
Cvetlica
kukka
Blazina
tyyny
Zofa
sohva
Vaza
maljakko
Daljinski upravljalnik
kaukosäädin

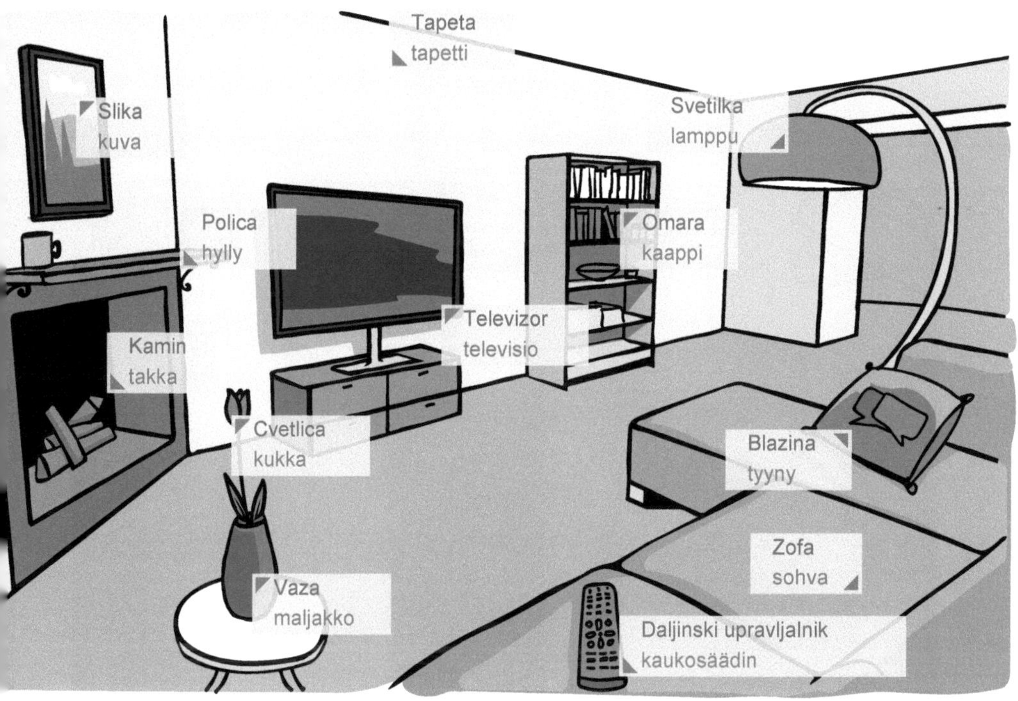

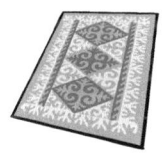

Preproga
matto

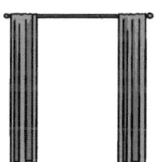

Zavesa
verho

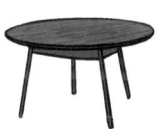

Miza
pöytä

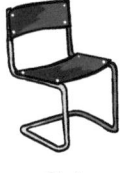

Stol
tuoli

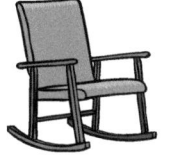

Gugalnik
keinutuoli

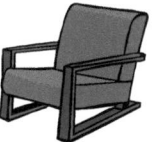

Naslanjač
nojatuoli

Knjiga

kirja

Odeja

peitto

Dekoracija

koriste

Drva

polttopuut

Film

elokuva

Glasbeni stolp

stereot

Ključ

avain

Časopis

sanomalehti

Slika

maalaus

Plakat

juliste

Radio

radio

Beležka

muistivihko

Sesalnik

pölynimuri

Kaktus

kaktus

Sveča

kynttilä

Kuhinja
keittiö

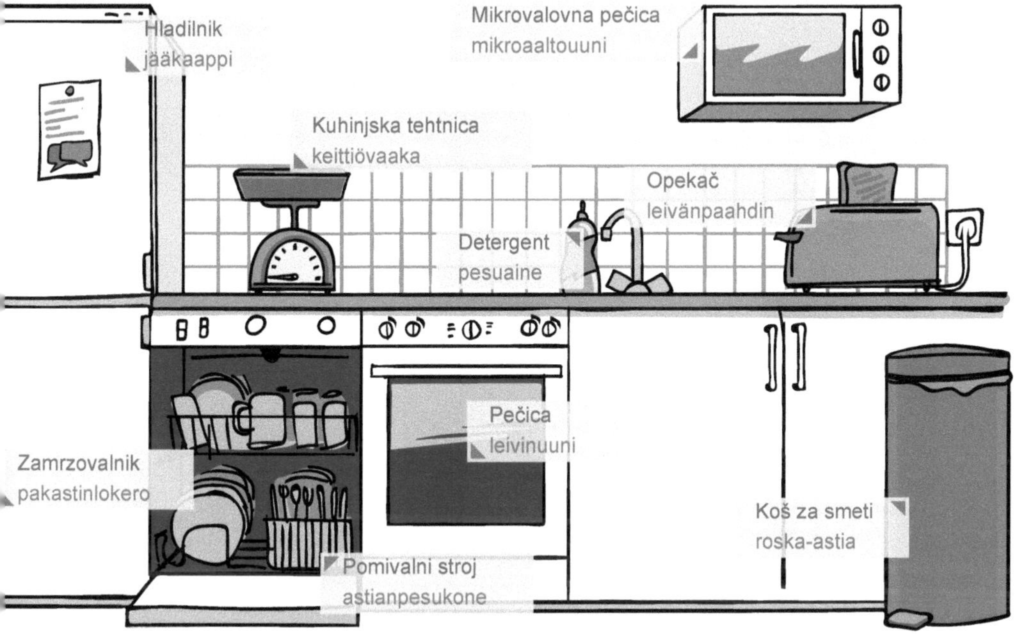

Hladilnik
jääkaappi
Mikrovalovna pečica
mikroaaltouuni
Kuhinjska tehtnica
keittiövaaka
Opekač
leivänpaahdin
Detergent
pesuaine
Pečica
leivinuuni
Zamrzovalnik
pakastinlokero
Koš za smeti
roska-astia
Pomivalni stroj
astianpesukone

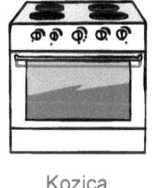

Kozica

liesi

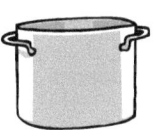

Lonec

kattila

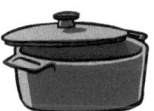

Litoželezni lonec

rautapata

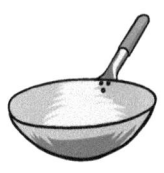

Vok / kadai

okkipannu / kadai-pannu

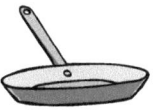

Ponev

paistinpannu

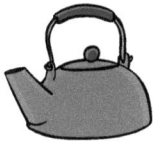

Kotliček

teepannu

Parni kuhalnik

höyrykeitin

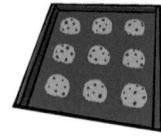

Pekač

uunipelti

Posoda

astiat

Skodelica

muki

Skleda

kulho

Jedilne paličice

syömäpuikot

Zajemalka

kauha

Lopatica

paistinlasta

Metlica

vispilä

Cedilnik

siivilä

Cedilo

siivilä

Strgalo

raastin

Možnar

mortteli

Žar

grilli

Ognjišče

avotuli

Deska za rezanje

leikkuulauta

Valjar

kaulin

Odpirač za steklenice

korkinavaaja

Pločevinka

purkki

Odpirač za konzerve

purkinavaaja

Prijemalka za posodo

pannulappu

Korito

lavuaari

Ščetka

tiskiharja

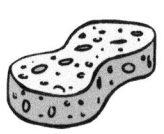

Goba

pesusieni

Mešalnik

tehosekoitin

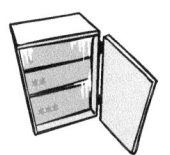

Zamrzovalna skrinja

pakastin

Steklenička

tuttipullo

Pipa

vesihana

Kopalnica
kylpyhuone

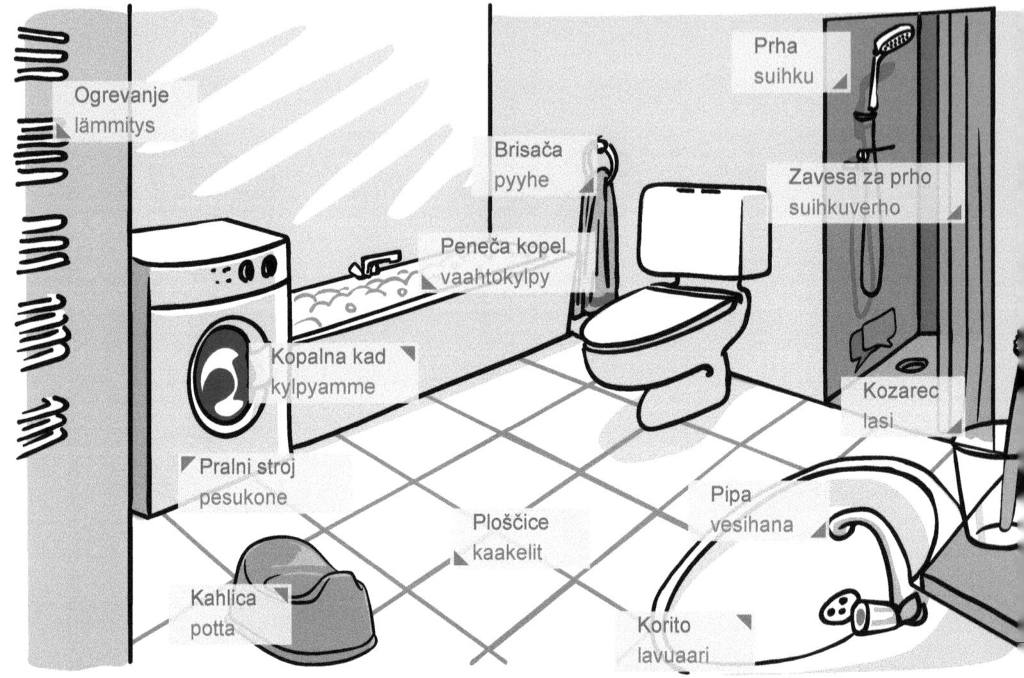
Prha
suihku
Ogrevanje
lämmitys
Brisača
pyyhe
Zavesa za prho
suihkuverho
Peneča kopel
vaahtokylpy
Kopalna kad
kylpyamme
Kozarec
lasi
Pralni stroj
pesukone
Pipa
vesihana
Ploščice
kaakelit
Kahlica
potta
Korito
lavuaari

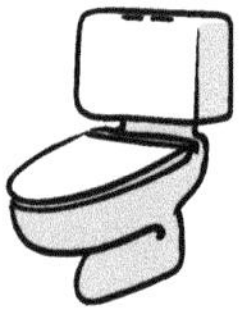

Stranišče
vessa

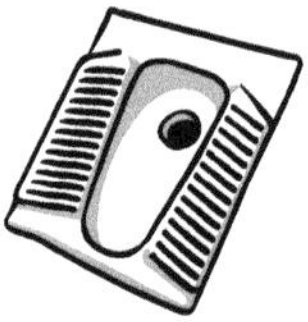

Stranišče na počep
kyykkyvessa

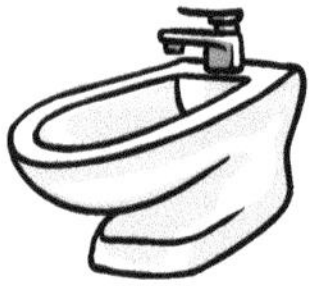

Bide
bidee

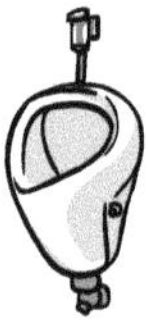

Pisoar
pisuaari

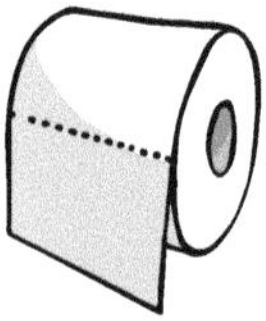

Toaletni papir
vessapaperi

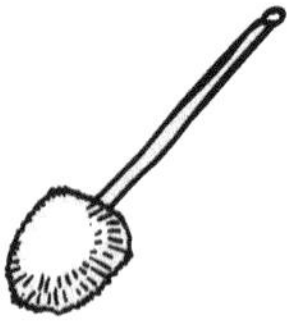

Ščetka za straniščno školjko
vessaharja

Zobna ščetka

hammasharja

Zobna pasta

hammastahna

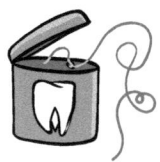

Zobna nitka

hammaslanka

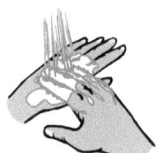

Umiti se

pestä

Ročna prha

käsisuihku

Prha za intimne dele

intiimisuihku

Umivalnik

pesuvati

Krtača za hrbet

selkäharja

Milo

saippua

Gel za prhanje

suihkugeeli

Šampon

shampoo

Krpica za miljenje

pesulappu

Odtok

viemäri

Krema

voide

Deodorant

deodorantti

Ogledalo

peili

Ročno ogledalo

käsipeili

Britvica

partaveitsi

Pena za britje

partavaahto

Vodica po britju

partavesi

Glavnik

kampa

Ščetka

harja

Sušilnik za lase

hiustenkuivaaja

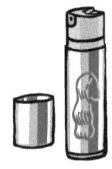

Lak za lase

hiuslakka

Ličila

meikki

Šminka

huulipuna

Lak za nohte

kynsilakka

Vatirane blazinice

pumpuli

Škarjice za nohte

kynsisakset

Parfum

hajuvesi

Toaletna torbica
kosmetiikkalaukku

Stol brez naslonjala
jakkara

Osebna tehtnica
vaaka

Kopalni plašč
kylpytakki

Gumijaste rokavice
kumihansikkaat

Tampon
tamponi

Damski vložki
terveysside

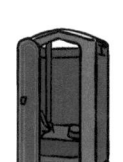

Kemično stranišče
kemiallinen wc

Otroška soba
lastenhuone

Budilka
herätyskello
Plišasta igrača
pehmolelu
Avtomobilček
leikkiauto
Ropotuljica
helistin
Hiška za punčke
nukkekoti
Darilo
lahja

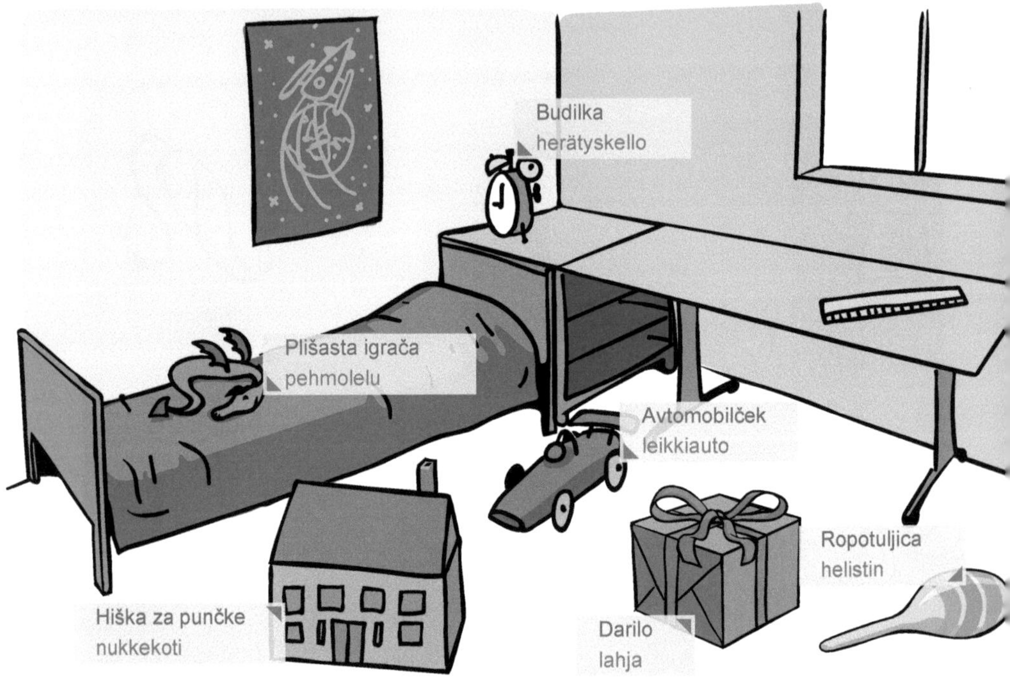

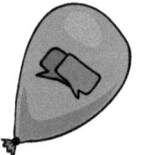

Balon
ilmapallo

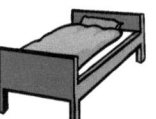

Postelja
sänky

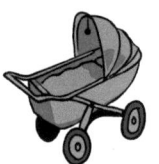

Otroški voziček
lastenvaunut

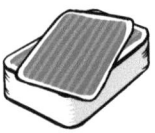

Igralne karte
korttipeli

Sestavljanka
palapeli

SUPER
MEGA

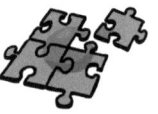

Strip
sarjakuva

Lego kocke

legopalikat

Igralne kocke

rakennuspalikat

Akcijska figura

supersankari

Bodi

potkupuku

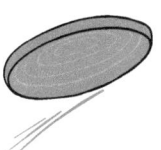

Frizbi

frisbee

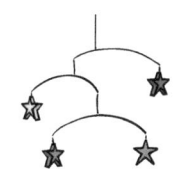

Vrtiljak za posteljico

mobile

Namizna igra

lautapeli

Kocka

noppa

Komplet modelov vlakov

pienoisjunarata

Duda

tutti

Zabava

juhlat

Slikanica

kuvakirja

Žoga

pallo

Lutka

nukke

Igrati se

leikkiä

Peskovnik

hiekkalaatikko

Gugalnica

keinu

Igrače

lelut

Igralna konzola

pelikonsoli

Tricikel

kolmipyörä

Plišasti medvedek

nalle

Garderoba

vaatekaappi

Oblačilo

vaatteet

Nogavice

sukat

Samostoječe nogavice

nylonsukat

Hlačne nogavice

sukkahousut

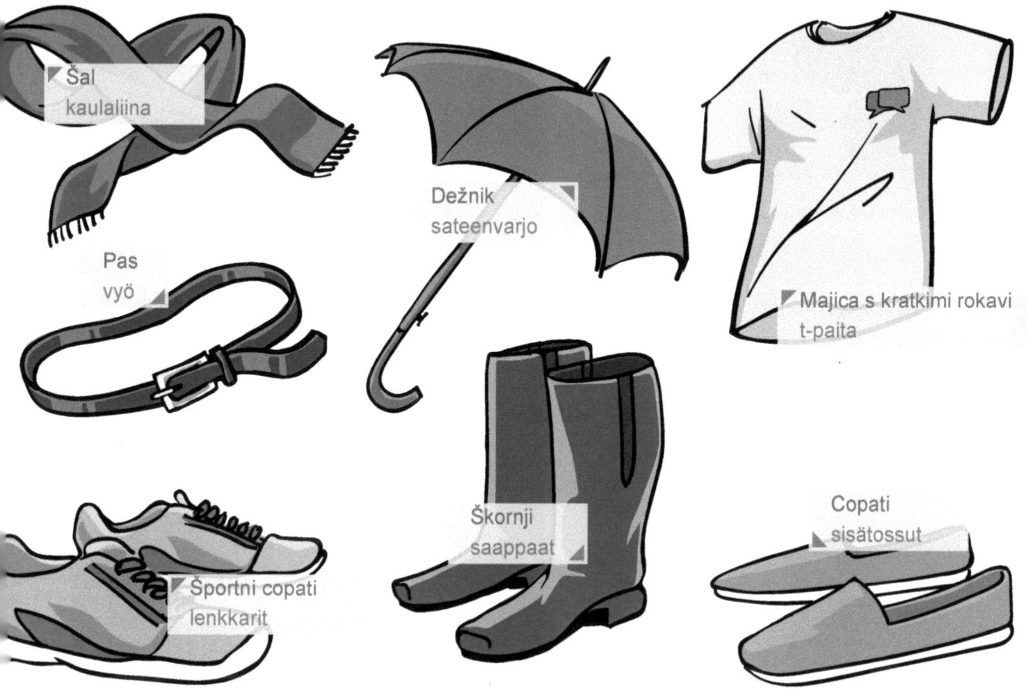

Šal
kaulaliina

Pas
vyö

Dežnik
sateenvarjo

Majica s kratkimi rokavi
t-paita

Športni copati
lenkkarit

Škornji
saappaat

Copati
sisätossut

Sandali

sandaalit

Čevlji

kengät

Gumijasti škornji

kumisaappaat

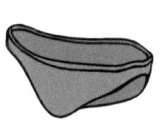

Spodnje hlače

alushousut

Modrček

rintaliivit

Telovnik

aluspaita

Bodi
body

Hlače
housut

Kavbojke
farkut

Krilo
hame

Bluza
pusero

Srajca
paita

Pulover
villapaita

Pletena jopica
collegepaita

Jopa
jakku

Jakna
takki

Plašč
takki

Dežni plašč
sadetakki

Kostim
puku

Obleka
mekko

Poročna obleka
hääpuku

Obleka
puku

Spalna srajca
yöpaita

Pižama
pyjama

Sari
shari

Naglavna ruta
päähuivi

Turban
turbaani

Burka
burka

Kaftan
kaftaani

Abaja
abaya

Kopalke
uimapuku

Kopalne hlače
uimahousut

Kratke hlače
shortsit

Trenirka
verkkarit

Predpasnik
esiliina

Rokavice
käsineet

Gumb

nappi

Očala

silmälasit

Zapestnica

rannekoru

Verižica

kaulakoru

Prstan

sormus

Uhan

korvakoru

Kapa

lippalakki

Obešalnik

ripustin

Klobuk

hattu

Kravata

solmio

Zadrga

vetoketju

Čelada

kypärä

Naramnice

henkselit

Šolska uniforma

koulupuku

Uniforma

univormu

Slinček

ruokalappu

Duda

tutti

Plenica

vaippa

Pisarna
toimisto

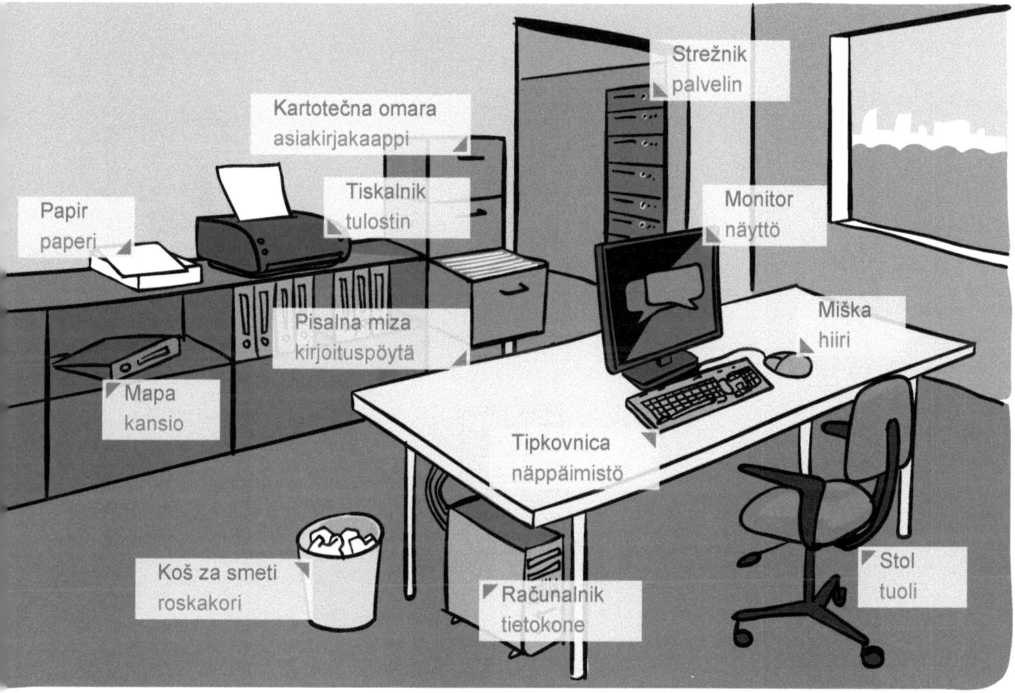

Strežnik
palvelin

Kartotečna omara
asiakirjakaappi

Tiskalnik
tulostin

Monitor
näyttö

Papir
paperi

Pisalna miza
kirjoituspöytä

Miška
hiiri

Mapa
kansio

Tipkovnica
näppäimistö

Koš za smeti
roskakori

Računalnik
tietokone

Stol
tuoli

Lonček za kavo

kahvimuki

Kalkulator

taskulaskin

Internet

internet

Prenosnik	**Pismo**	**Sporočilo**
kannettava tietokone	kirje	viesti

Mobilnik	**Omrežje**	**Kopirni stroj**
kännykkä	verkko	kopiokone

Programska oprema	**Telefon**	**Vtičnica**
ohjelmisto	puhelin	pistorasia
	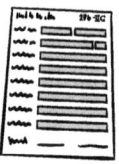	
Telefaks	**Obrazec**	**Dokument**
faksi	lomake	asiakirja

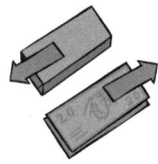

Kupiti
ostaa

Plačati
maksaa

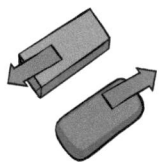

Trgovati
vaihtaa

Denar
raha

Dolar
dollari

Evro
euro

Jen
jeni

Rubelj
rupla

Švičarski frank
frangi

Kitajski juan renminbi
renminbi juan

Rupija
rupia

Bankomat
pankkiautomaatti

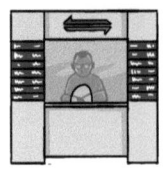		
Menjalnica	**Zlato**	**Srebro**
rahanvaihto	kulta	hopea

Nafta	**Energija**	**Cena**
öljy	energia	hinta
		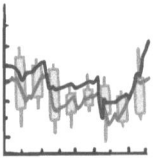
Pogodba	**Davek**	**Delnice**
sopimus	vero	osake

Delati	**Delojemalec**	**Delodajalec**
työskennellä	työntekijä	työnantaja

Tovarna	**Trgovina**	
tehdas	liike	

Poklici
ammatit

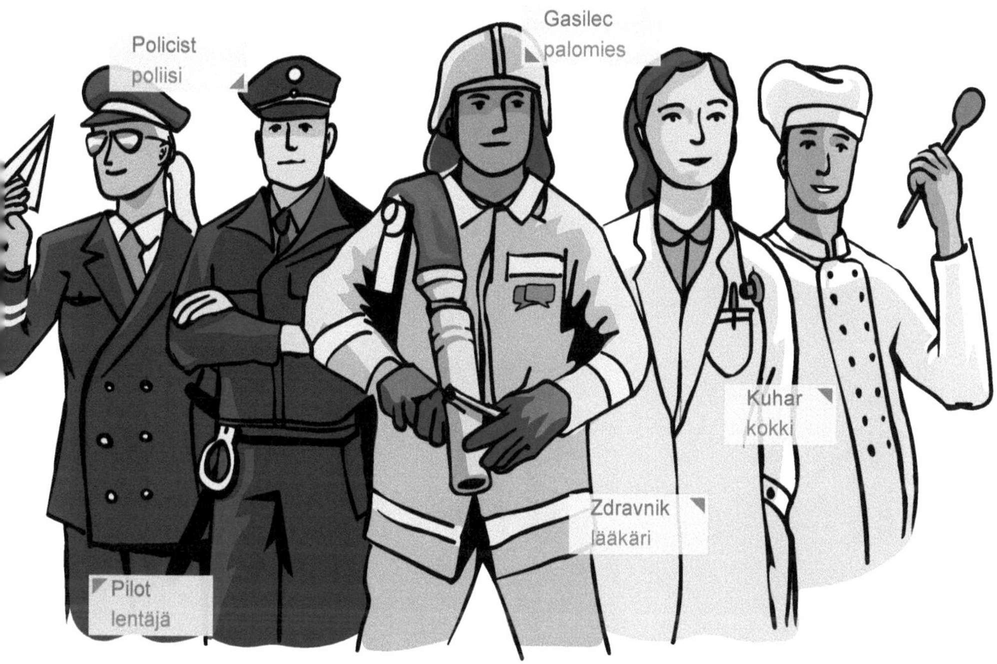
Policist
poliisi
Gasilec
palomies
Kuhar
kokki
Zdravnik
lääkäri
Pilot
lentäjä

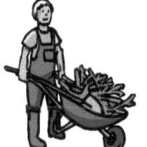

Vrtnar

puutarhuri

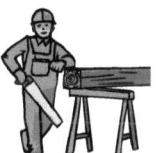

Mizar

puuseppä

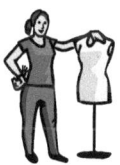

Šivilja

ompelija

Sodnik

tuomari

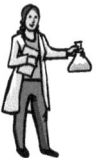

Kemik

kemisti

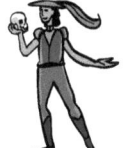

Igralec

näyttelijä

Voznik avtobusa

linja-autonkuljettaja

Taksist

taksinkuljettaja

Ribič

kalastaja

Čistilka

siivooja

Krovec

katontekijä

Natakar

tarjoilija

Lovec

metsästäjä

Pleskar

maalari

Pek

leipuri

Električar

sähköasentaja

Gradbenik

rakentaja

Inženir

insinööri

Mesar

teurastaja

Vodovodni inštalater

putkiasentaja

Poštar

postinjakaja

Vojak	Arhitekt	Blagajnik
sotilas	arkkitehti	kassanhoitaja

Cvetličar	Frizer	Sprevodnik
floristi	kampaaja	konduktööri

Mehanik	Kapitan	Zobozdravnik
mekaanikko	kapteeni	hammaslääkäri

Znanstvenik	Rabin	Imam
tiedemies	rabbi	imaami

Menih	Duhovnik	
munkki	pappi	

Orodje
työkalut

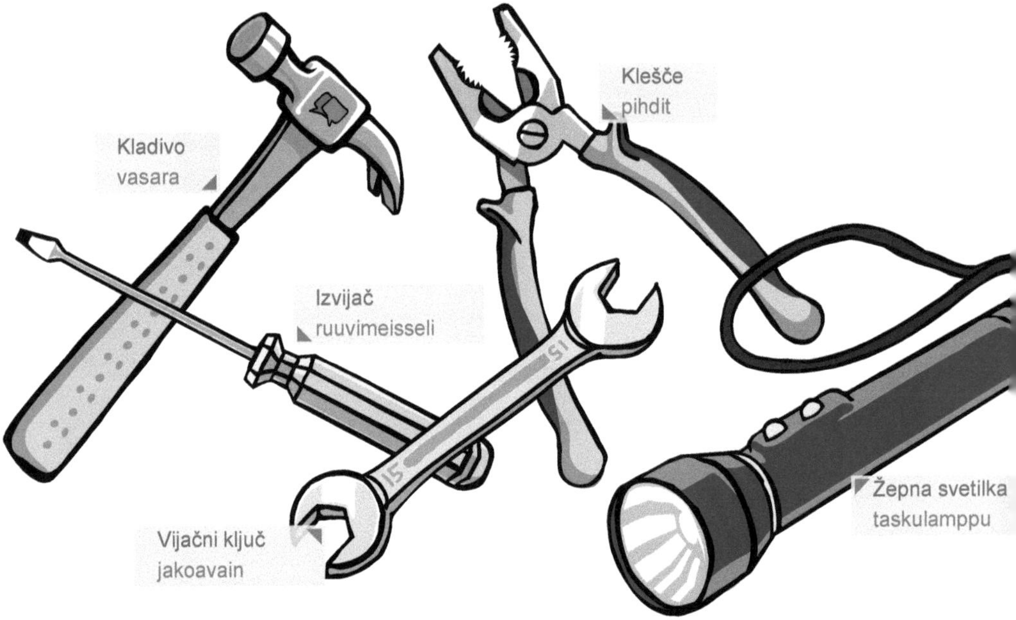
Kladivo
vasara
Klešče
pihdit
Izvijač
ruuvimeisseli
Vijačni ključ
jakoavain
Žepna svetilka
taskulamppu

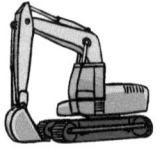

Bager

kaivinkone

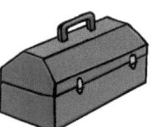

Zaboj z orodjem

työkalupakki

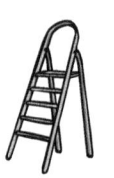

Lestev

tikkaat

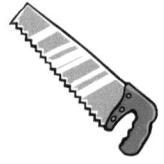

Žaga

saha

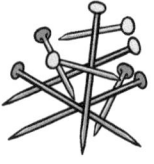

Žeblji

naulat

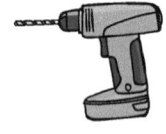

Vrtalnik

pora

Popraviti
korjata

Lopata
lapio

Šment!
Hitto!

Smetišnica
rikkalapio

Posoda z barvo
maalipurkki

Vijaki
ruuvit

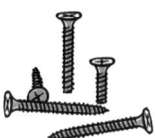

Glasbeni instrument
soittimet

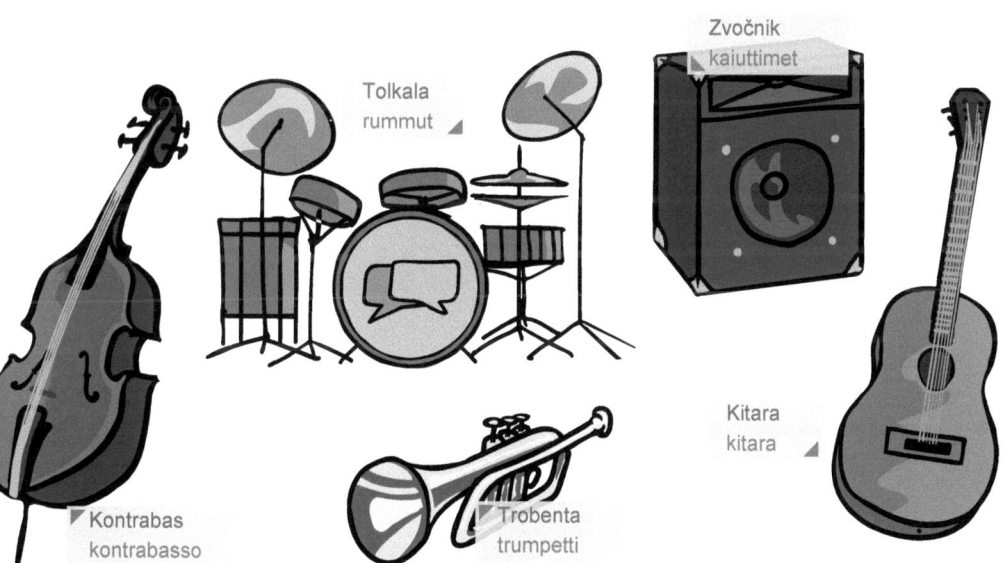

Zvočnik
kaiuttimet

Tolkala
rummut

Kitara
kitara

Kontrabas
kontrabasso

Trobenta
trumpetti

Klavir

piano

Violina

viulu

Bas kitara

basso

Pavke

patarummut

Bobni

rumpu

Sintetizator

kosketinsoitin

Saksofon

saksofoni

Flavta

huilu

Mikrofon

mikrofoni

Živalski vrt
eläintarha

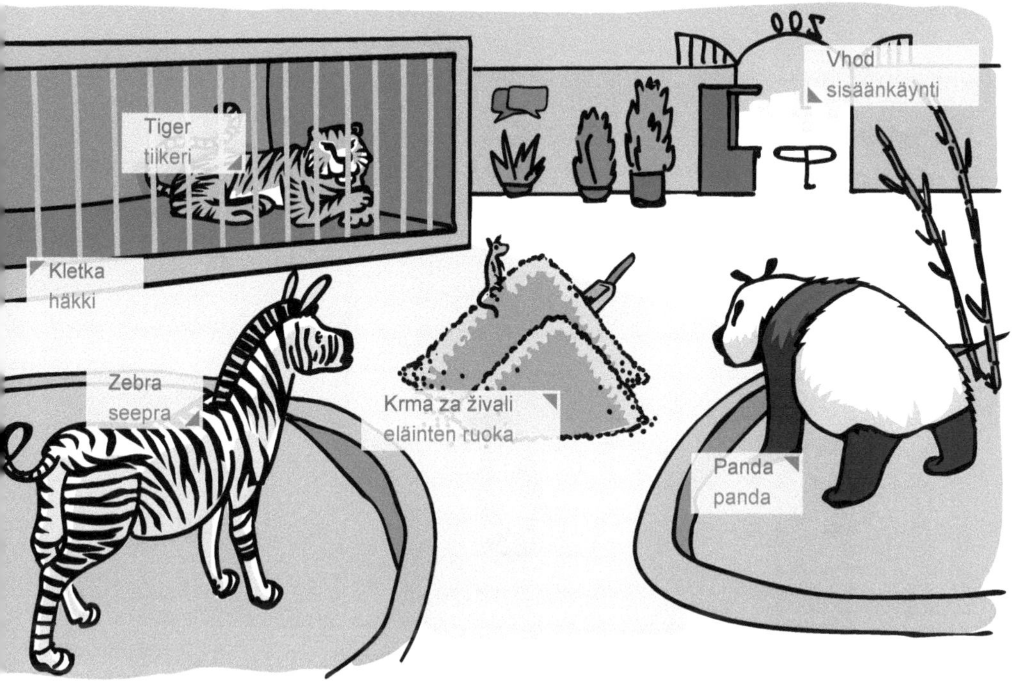

Tiger
tiikeri
Vhod
sisäänkäynti
Kletka
häkki
Zebra
seepra
Krma za živali
eläinten ruoka
Panda
panda

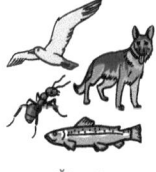

Živali

eläimet

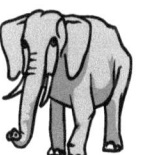

Slon

norsu

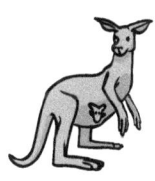

Kenguru

kenguru

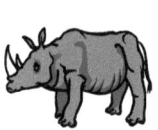

Nosorog

sarvikuono

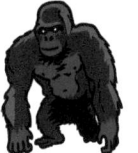

Gorila

gorilla

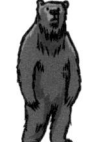

Medved

karhu

Kamela

kameli

Noj

strutsi

Lev

leijona

Opica

apina

Plamenec

flamingo

Papagaj

papukaija

Severni medved

jääkarhu

Pingvin

pingviini

Morski pes

hai

Pav

riikinkukko

Kača

käärme

Krokodil

krokotiili

Oskrbnik v živalskem vrtu

eläintarhanhoitaja

Tjulenj

hylje

Jaguar

jaguaari

Poni
poni

Leopard
leopardi

Povodni konj
virtahepo

Žirafa
kirahvi

Orel
kotka

Divji prašič
villisika

Riba
kala

Želva
kilpikonna

Mrož
mursu

Lisica
kettu

Gazela
gaselli

Ameriški nogomet
amerikkalainen jalkapallo

Kolesarjenje
pyöräily

Tenis
tennis

Košarka
koripallo

Plavanje
uinti

Boks
nyrkkeily

Hokej
jääkiekko

Nogomet
jalkapallo

Badminton
sulkapallo

Atletika
yleisurheilu

Rokomet
käsipallo

Smučanje
hiihto

Polo
poolo

Dejavnosti
aktiviteetit

Skočiti
hypätä
Objeti
halata
Smejati se
nauraa
Hoditi
kävellä
Peti
laulaa
Sanjati
unelmoida
Moliti
rukoilla
Poljubiti
suudella

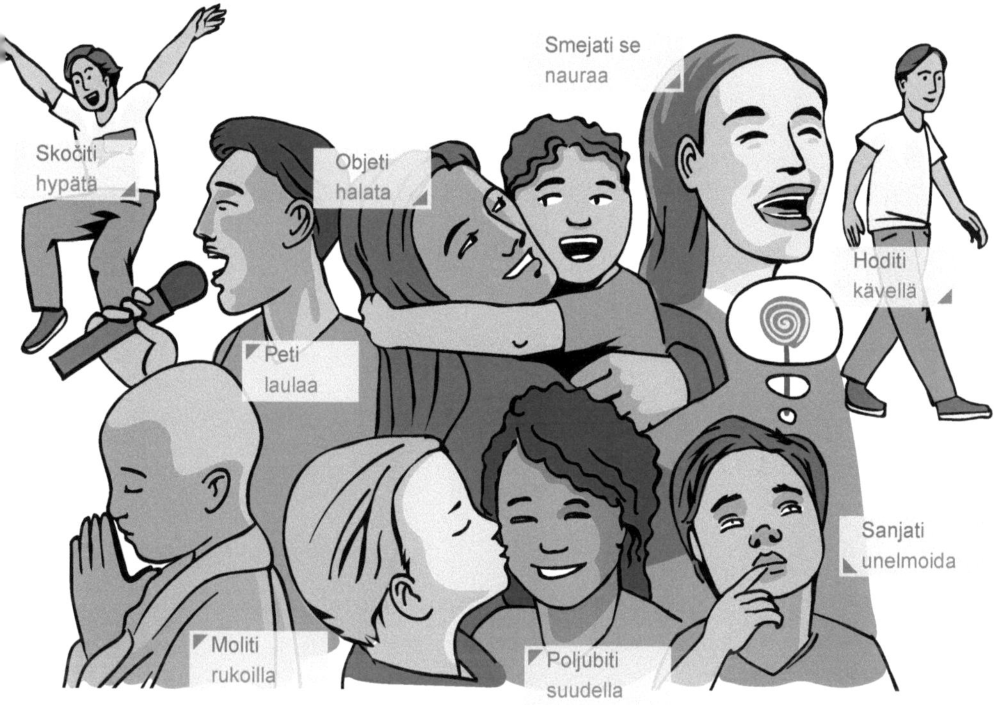

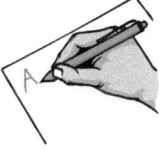

Pisati
....
kirjoittaa

Risati
....
piirtää

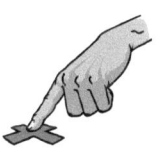

Pokazati
....
näyttää

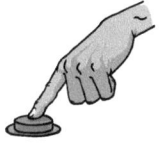

Potisniti
....
painaa

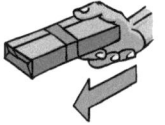

Dati
....
antaa

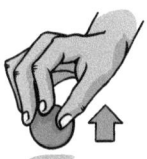

Vzeti
....
ottaa

Imeti
omistaa

Narediti
tehdä

Biti
olla

Stati
seisoa

Teči
juosta

Vleči
vetää

Vreči
heittää

Pasti
kaatua

Ležati
maata

Čakati
odottaa

Nositi
kantaa

Sedeti
istua

Obleči se
pukeutua

Spati
nukkua

Zbuditi se
herätä

Gledati

katsoa

Jokati

itkeä

Božati

silittää

Česati se

kammata

Govoriti

puhua

Razumeti

ymmärtää

Vprašati

kysyä

Poslušati

kuunnella

Piti

juoda

Jesti

syödä

Pospraviti

siivota

Ljubiti

rakastaa

Kuhati

keittää

Voziti

ajaa

Leteti

lentää

Jadrati

purjehtia

Računanje

laskea

Brati

lukea

Učiti se

oppia

Delati

työskennellä

Poročiti se

mennä naimisiin

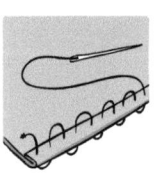

Šivati

ommella

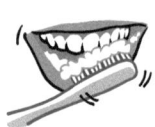

Ščetkati si zobe

pestä hampaat

Ubiti

tappaa

Kaditi

tupakoida

Poslati

lähettää

Družina
perhe

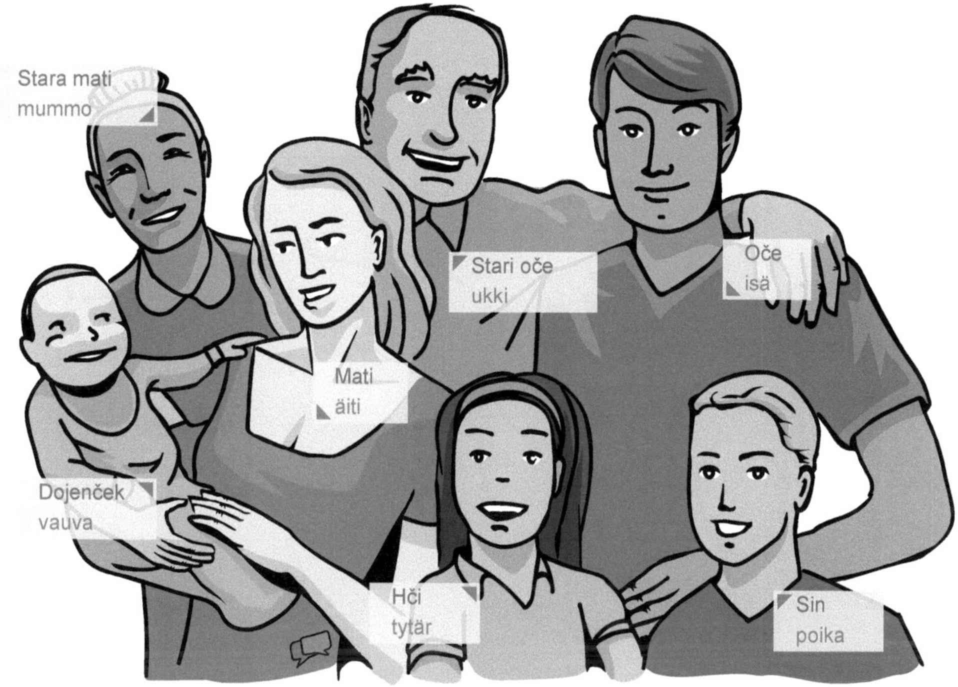
Stara mati
mummo
Stari oče
ukki
Oče
isä
Mati
äiti
Dojenček
vauva
Hči
tytär
Sin
poika

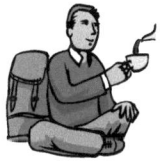

Gost

vieras

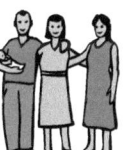

Teta

täti

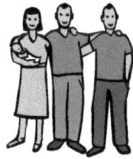

Stric

setä

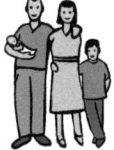

Brat

veli

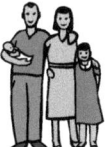

Sestra

sisko

Telo
vartalo

Čelo
otsa
Oko
silmä
Rama
olkapää
Prst
sormet
Obraz
kasvot
Brada
leuka
Dlan
käsi
Noga
jalka
Prsi
rinta
Roka
käsivarsi

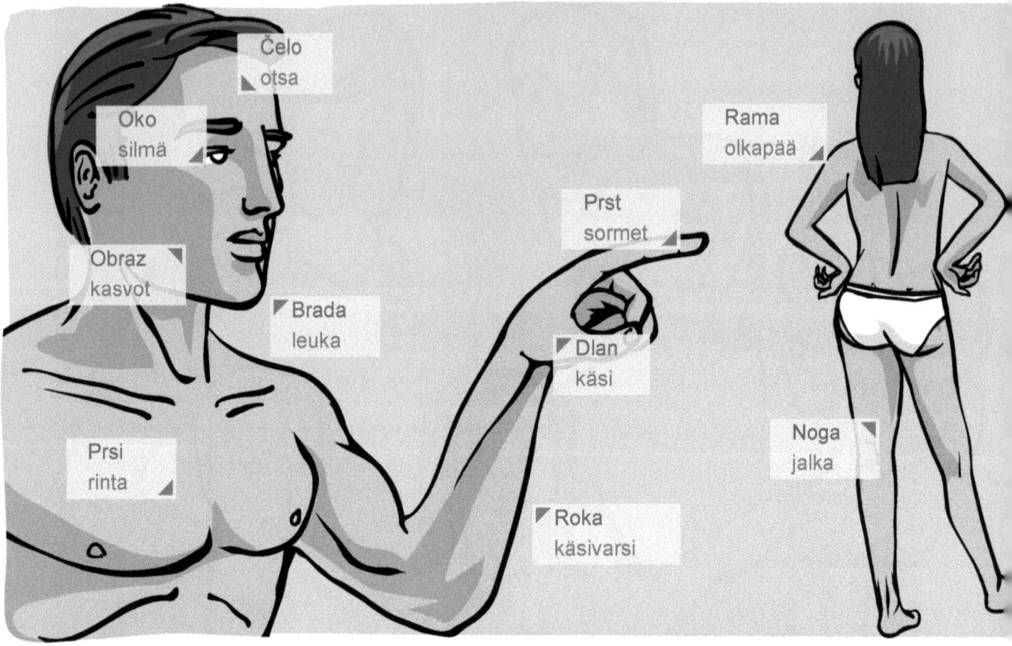

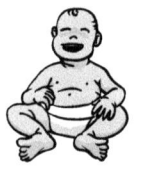

Dojenček
vauva

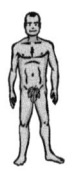

Človek
mies

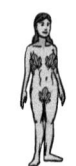

Ženska
nainen

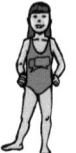

Dekle
tyttö

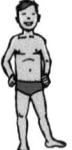

Fant
poika

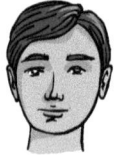

Glava
pää

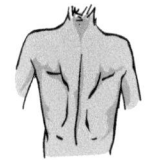

Hrbet

selkä

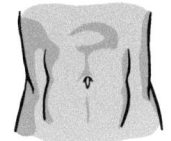

Trebuh

maha

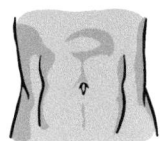

Popek

napa

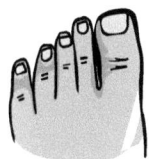

Prst na nogi

varvas

Peta

kantapää

Kost

luu

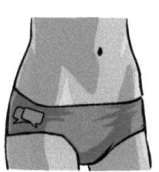

Kolk

lantio

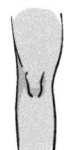

Koleno

polvi

Komolec

kyynärpää

Nos

nenä

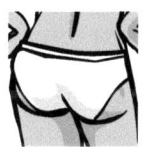

Zadnjica

takapuoli

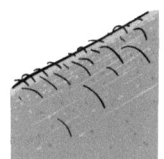

Koža

iho

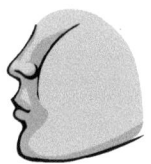

Lice

poski

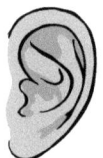

Uho

korva

Ustnica

huuli

Usta

suu

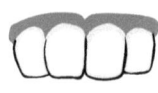

Zob

hammas

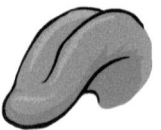

Jezik

kieli

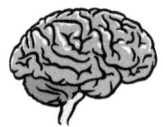

Možgani

aivot

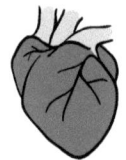

Srce

sydän

Mišica

lihas

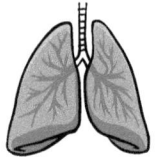

Pljuča

keuhkot

Jetra

maksa

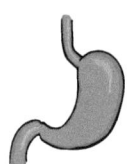

Želodec

vatsa

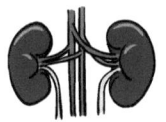

Ledvice

munuaiset

Spolni odnos

seksi

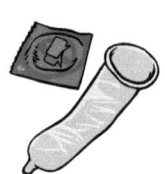

Kondom

kondomi

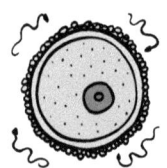

Jajčece

munasolu

Semenska tekočina

sperma

Nosečnost

raskaus

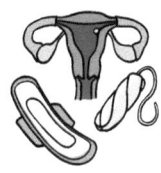

Menstruacija

kuukautiset

Vagina

vagina

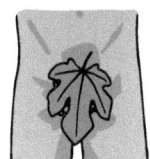

Penis

penis

Obrv

kulmakarvat

Lasje

hiukset

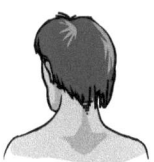

Vrat

niska

Bolnišnica

sairaala

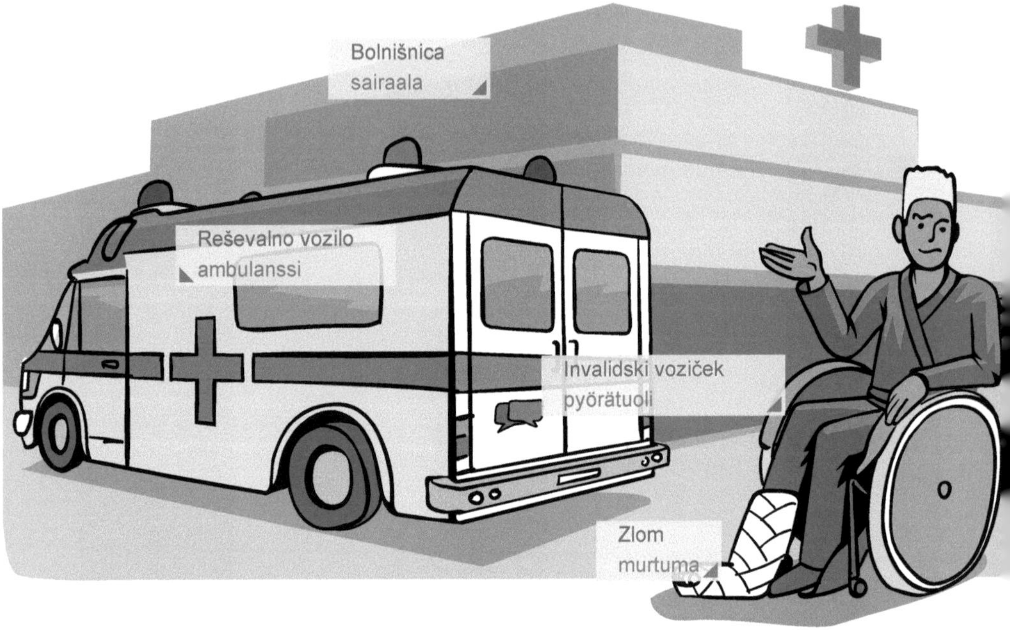

Bolnišnica
sairaala
Reševalno vozilo
ambulanssi
Invalidski voziček
pyörätuoli
Zlom
murtuma

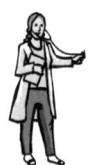

Zdravnik

lääkäri

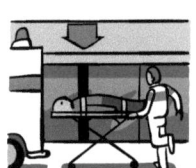

Urgenca

ensiapu

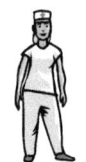

Medicinska sestra

sairaanhoitaja

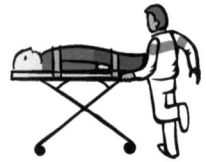

Nujni primer

hätätilanne

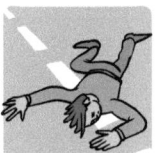

Nezavesten

tajuton

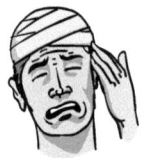

Bolečina

kipu

Poškodba

vamma

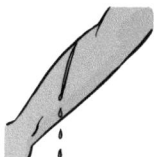

Krvavenje

verenvuoto

Srčni infarkt

sydänkohtaus

Kap

aivoinfarkti

Alergija

allergia

Kašelj

yskä

Vročina

kuume

Gripa

flunssa

Driska

ripuli

Glavobol

päänsärky

Rak

syöpä

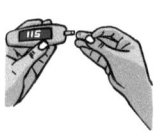

Sladkorna bolezen

diabetes

Kirurg

kirurgi

Skalpel

veitsi

Operacija

leikkaus

CT
ct

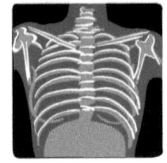

Rentgen
röntgen

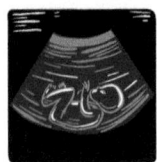

Ultrazvok
ultraääni

Obrazna maska
maski

Bolezen
sairaus

Čakalnica
odotushuone

Bergla
sauva

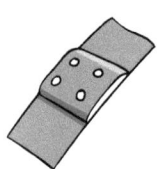

Obliž
laastari

Preveza
side

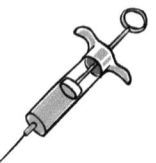

Injekcija
pistos

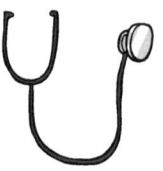

Stetoskop
stetoskooppi

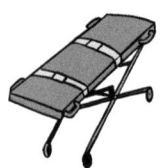

Nosila
paarit

Klinični termometer
kuumemittari

Porod
syntymä

Prekomerna teža
ylipaino

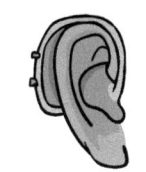

Slušni pripomoček
....
kuulolaite

Razkužilo
....
desinfiointiaine

Okužba
....
infektio

Virus
....
virus

HIV / AIDS
....
HIV / AIDS

Medicina
....
lääke

Cepljenje
....
rokotus

Tablete
....
tabletit

Tableta
....
pilleri

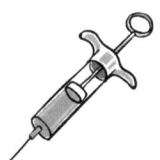

Klic v sili
....
hätäpuhelu

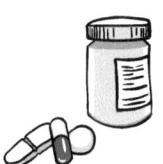

Merilnik krvnega tlaka
....
verenpainemittari

bolano / zdravo
....
sairas / terve

Na pomoč! | Alarm | Napad
Apua! | hälytys | ryöstö

Napad | Nevarnost | Izhod v sili
hyökkäys | vaara | hätäuloskäynti

Gori! | Gasilni aparat | Nezgoda
Tulipalo! | palosammutin | onnettomuus

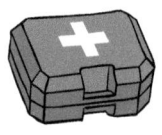

Komplet za prvo pomoč | SOS | Policija
ensiapulaukku | SOS | poliisilaitos

Evropa

Eurooppa

Severna Amerika

Pohjois-Amerikka

Južna Amerika

Etelä-Amerikka

Afrika

Afrikka

Azija

Aasia

Avstralija

Australia

Atlantski ocean

Atlantin valtameri

Tihi ocean

Tyynimeri

Indijski ocean

Intian valtameri

Južni ocean

Eteläinen jäämeri

Arktični ocean

Pohjoinen jäämeri

Severni tečaj

pohjoisnapa

Južni tečaj
etelänapa

Antarktika
Antarktis

Zemlja
maa

Kopno
maa

Morje
meri

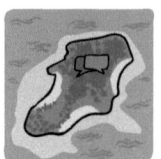

Otok
saari

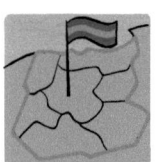

Narod
kansa

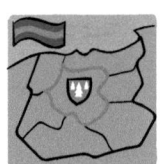

Država
osavaltio

Številčnica
kellotaulu

Urni kazalec
tuntiviisari

Minutni kazalec
minuuttiviisari

Sekundni kazalec
sekuntiviisari

Koliko je ura?
Paljonko kello on?

Dan
päivä

Čas
aika

Zdaj
nyt

Digitalna ura
digitaalikello

Minuta
minuutti

Ura
tunti

Teden
viikko

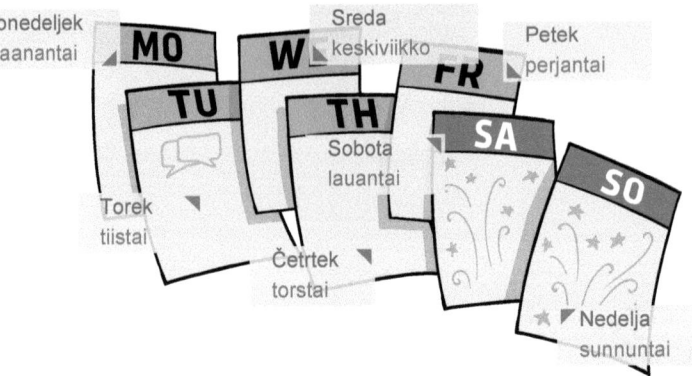

Ponedeljek
maanantai

Sreda
keskiviikko

Petek
perjantai

Torek
tiistai

Sobota
lauantai

Četrtek
torstai

Nedelja
sunnuntai

Včeraj
....
eilen

Danes
....
tänään

Jutri
....
huomenna

Jutro
....
aamu

Poldne
....
keskipäivä

Večer
....
ilta

MO	TU	WE	TH	FR	SA	SU
1	2	3	4	5	6	7
8	9	10	11	12	13	14
15	16	17	18	19	20	21
22	23	24	25	26	27	28
29	30	31	1	2	3	4

Delovni dnevi
....
työpäivät

MO	TU	WE	TH	FR	SA	SU
1	2	3	4	5	6	7
8	9	10	11	12	13	14
15	16	17	18	19	20	21
22	23	24	25	26	27	28
29	30	31	1	2	3	4

Konec tedna
....
viikonloppu

Leto
vuosi

Dež
sade
Mavrica
sateenkaari
Veter
tuuli
Sneg
lumi
Pomlad
kevät
Jesen
syksy
Poletje
kesä
Zima
talvi

4.APRIL 11°
5.APRIL 4°
6.APRIL 13°
7.APRIL 8°
8.APRIL 10°

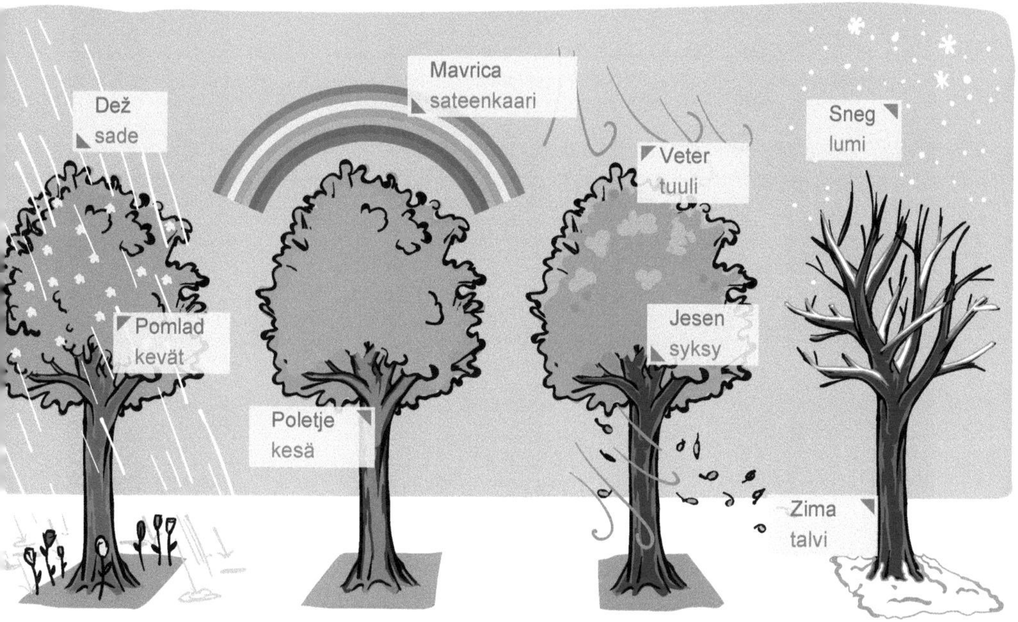

Vremenska napoved

sääennuste

F C
120 40
90 30
60 20
30 10
0 0
-30 -10
-20

Termometer

lämpömittari

Sončna svetloba

auringonpaiste

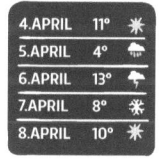

Oblak

pilvi

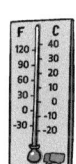

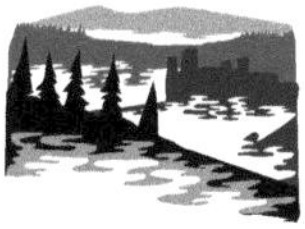

Megla

sumu

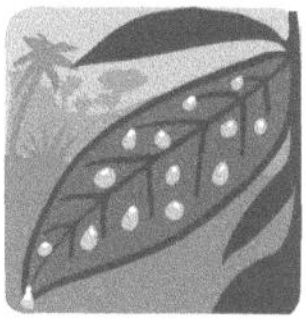

Vlažnost

ilmankosteus

Strela
....
salama

Grom
....
ukkonen

Nevihta
....
myrsky

Toča
....
rae

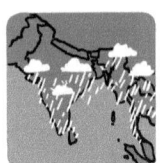

Monsun
....
monsuuni

Poplava
....
tulva

Led
....
jää

Januar
....
tammikuu

Februar
....
helmikuu

Marec
....
maaliskuu

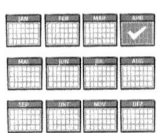

April
....
huhtikuu

Maj
....
toukokuu

Junij
....
kesäkuu

Julij
....
heinäkuu

Avgust
....
elokuu

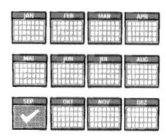

September
....
syyskuu

Oktober
....
lokakuu

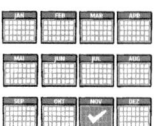

November
....
marraskuu

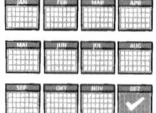

December
....
joulukuu

Oblike
muodot

Krogla
....
ympyrä

Kvadrat
....
neliö

Pravokotnik
....
suorakulmio

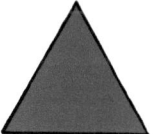

Trikotnik
....
kolmio

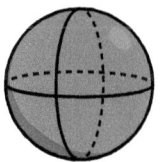

Krogla
....
pallo

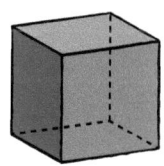

Kocka
....
kuutio

Bela

valkoinen

Rumena

keltainen

Oranžna

oranssi

Rožnata

vaaleanpunainen

Rdeča

punainen

Vijolična

violetti

Modra

sininen

Zelena

vihreä

Rjava

ruskea

Siva

harmaa

Črna

musta

veliko / malo
paljon / vähän

jezno / umirjeno
vihainen / ystävällinen

lepo / grdo
kaunis / ruma

začetek / konec
alku / loppu

veliko / majhno
suuri / pieni

svetlo / temno
vaalea / tumma

brat / sestra
veli / sisko

čisto / umazano
puhdas / likainen

popolno / nepopolno
täydellinen / epätäydellinen

dan / noč
päivä / yö

mrtvo / živo
kuollut / elävä

široko / ozko
leveä / kapea

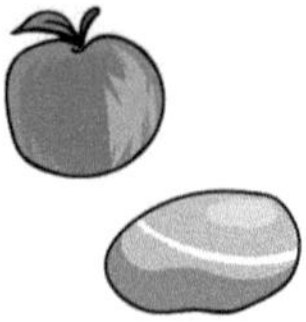

užitno / neužitno

syötävä / syömäkelvoton

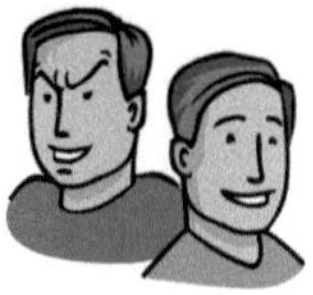

zlobno / prijazno

paha / kiltti

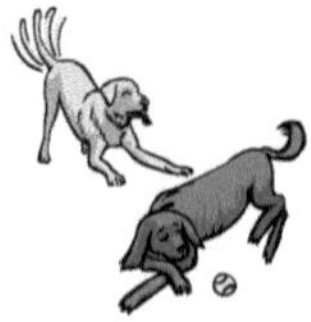

vznemirjeno / zdolgočaseno

innostunut / tylsistynyt

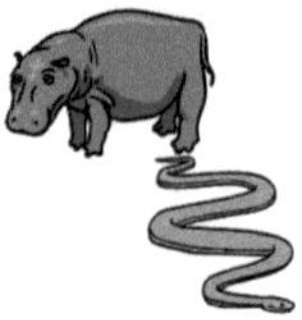

debelo / vitko

lihava / laiha

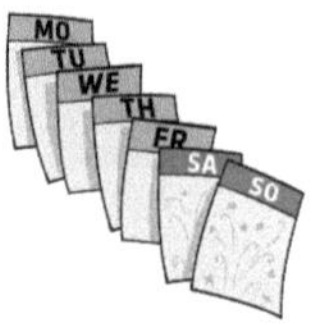

prvo / zadnje

ensimmäinen / viimeinen

prijatelj / sovražnik

ystävä / vihollinen

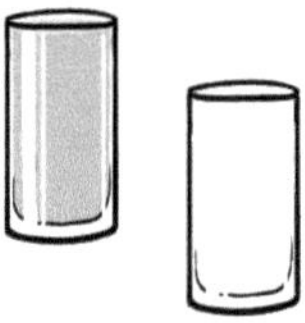

polno / prazno

täysi / tyhjä

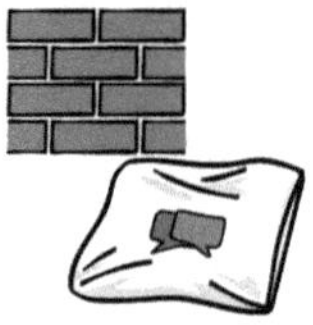

trdo / mehko

kova / pehmeä

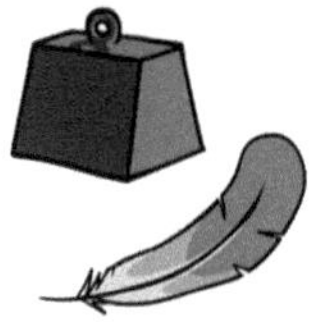

težko / lahko

painava / kevyt

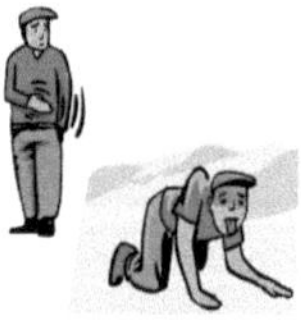

lakota / žeja

nälkä / jano

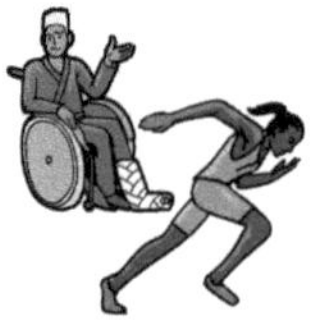

bolano / zdravo

sairas / terve

nezakonito / zakonito

laiton / laillinen

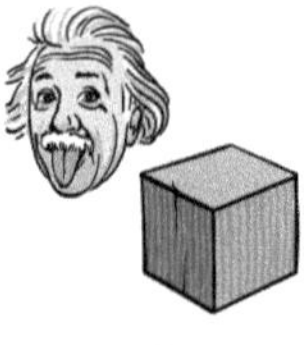

pametno / neumno

älykäs / tyhmä

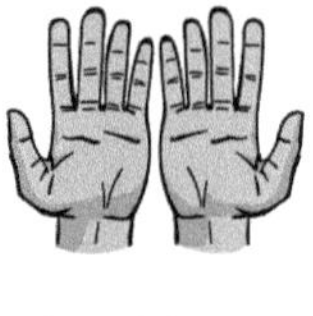

levo / desno

vasen / oikea

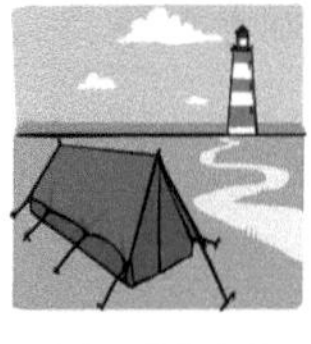

blizu / daleč

lähellä / kaukana

novo / rabljeno

uusi / käytetty

nič / nekaj

ei mitään / jotain

staro / mlado

vanha / nuori

vklopljeno / izklopljeno

päällä / pois päältä

odprto / zaprto

auki / kiinni

tiho / glasno

hiljainen / äänekäs

bogato / revno

rikas / köyhä

prav / narobe

oikein / väärin

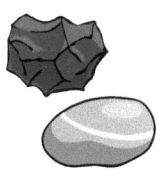

grobo / gladko

karhea / sileä

žalostno / veselo

surullinen / iloinen

kratko / dolgo

lyhyt / pitkä

počasi / hitro

hidas / nopea

mokro / suho

märkä / kuiva

toplo / hladno

lämmin / viileä

vojna / mir

sota / rauha

0	**1**	**2**
Ničla	Ena	Dva
nolla	yksi	kaksi

3	**4**	**5**
Tri	Štiri	Pet
kolme	neljä	viisi

6	**7**	**8**
Šest	Sedem	Osem
kuusi	seitsemän	kahdeksan

9	**10**	**11**
Devet	Deset	Enajst
yhdeksän	kymmenen	yksitoista

12

Dvanajst

kaksitoista

13

Trinajst

kolmetoista

14

Štirinajst

neljätoista

15

Petnajst

viisitoista

16

Šestnajst

kuusitoista

17

Sedemnajst

seitsemäntoista

18

Osemnajst

kahdeksantoista

19

Devetnajst

yhdeksäntoista

20

Dvajset

kaksikymmentä

100

Sto

sata

1.000

Tisoč

tuhat

1.000.000

Milijon

miljoona

Angleščina

englanti

Ameriška angleščina

amerikanenglanti

Mandarinščina

mandariinikiina

Hindujščina

hindi

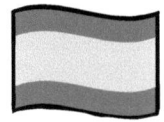

Španščina

espanja

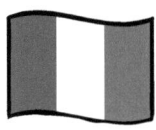

Francoščina

ranska

Arabščina

arabia

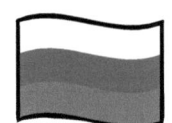

Ruščina

venäjä

Portugalščina

portugali

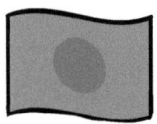

Bengalščina

bengali

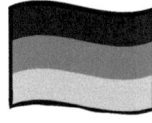

Nemščina

saksa

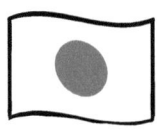

Japonščina

japani

Jaz

minä

Ti

sinä

On / ona / tisto

hän

Mi

me

Vi

te

Oni

he

Kdo?

kuka?

Kaj?

mitä / mikä?

Kako?

miten?

Kje?

missä?

Kdaj?

milloin?

Ime

nimi

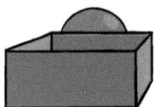

Zadaj

takana

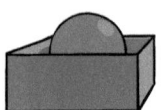

V

sisällä

Pred

edessä

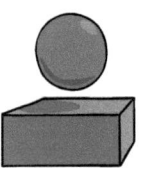

Nad

yläpuolella

Na

päällä

Pod

alapuolella

Poleg

vieressä

Med

välissä

Kraj

paikka